Rolf Friedrich Schuett

Der Orgasmus ist die beste Maske des Todes

Dekonstruktive Essays

ROLF FRIEDRICH SCHUETT

Der Orgasmus ist die beste Maske des Todes

Dekonstruktive Essays

Books on Demand

Bibliographische Information Der Deutschen Bibliothek:
Die Deutsche Bibliothek verzeichnet diese Publikation
in der Deutschen Nationalbibliographie; detaillierte
bibliographische Daten sind im Internet abrufbar über
http:// dnb.ddb.de

1. Auflage

Herstellung und Verlag :
BoD – Books on Demand, Norderstedt

Gedruckt auf alterungsbeständigem Papier
(holz- und säurefrei)

Umschlaggestaltung : E. L. Schmidt

Printed in Germany

ISBN 978-3-7534-2667-9

FSC
www.fsc.org
MIX
Papier aus verantwortungsvollen Quellen
Paper from responsible sources
FSC® C105338

INHALT

Für meine liebe Frau

Unheimliche Häuslichkeit und Gewöhnlichkeit

Binnen unn buten
gifft et bloß Ruten,
buten unn binnen
iss nix to gewinnen.

Wer sich häuslich einrichtet, hat sich schon wohnlich ausgerichtet und abgerichtet, bevor die un- und inzüchtige Hausfrau als hausgemachter Hausdrache die Leibgerichte und andere hausbackenen Schäden anrichtet oder im Treppenhausflur tratscht. Die neue *Lock-in*-Häuslichkeit (Block-Knock-Inn) in Pandemiezeiten sollte keinen Lebenssinnverlust beklagen, sondern die Freuden der Arbeitslosigkeit dankbar genießen, ist man doch endlich mal wenigstens vorübergehend freigestellt von der Erwerbsarbeitsfron zum *Otium cum dignitate* in Dichter- und Denkerklausen, als Hieronymus im Gehäus. Setzt euch also zur Ruhe auf die vier Buchstaben zuhause und lest mit Fleiß und Eifer, z.B. mit der Nase im *Buch der Bücher* – oder im *Buch der Natur* vor der Tür. Laut Hardenberg-*Novalis* geht die romantische Lebensreise des Menschen – immer nach Hause.

Wer aber unbedingt klaustrophob in die aushäusig weite Welt hinausdrängt, hat den Himmel auf seiner Seite : „Macht euch die Erde untertan!“ Das heißt:

Beherrscht nicht meine Erde, sondern tut sie unter eure Wanderschuhe! (Wandelt euren Weg und nicht meine Welt um!)

„My home is my castle“. (Ein Lord im Oberhaus kann sogar sagen : „My castle is my home“.) Der/die Häusliche ist nicht nur heimlich oder heimaterialistisch irgendwo heimisch, sondern meist auch unheimlich ***ein***heimisch. *Heidegger* : „Die Sprache ist das Haus des Seyns“, also Sprachlichkeit oder Wörtlichkeit (samt Fremdwörtlichkeit) ist die heimelige Gasthäuslichkeit des Seins. Kurz gesagt : In Worten wohnt gewöhnlich das Walten vieler Welten. Man wohnt gewöhnlich im Vaterhaus seiner liebsten Gewohnheiten. Der Deutsche träumt vom energie- und platzfressenden Kleinfamilien- oder gar Single-Eigenheim im versorgungsfernen und zersiedelten Grünen, wo gemythliche Häuslichkeit leicht zur fetzenfliegenden Gräuslichkeit wird.

Ein habitueller Reisemuffel neigt ohnehin zum permanenten Hausquarantänefan(atismus) und rät stets: Setzt euch auf den Hosenboden der Tatsachen und schreibt, denn menschliche Mündigkeit äußert sich schriftlich und nicht mündlich. Wer herumreist, reißt nur aus davor und ist und gerät ganz aus dem Häuschen. Heute wohnt man nicht mehr häuslich, sondern haust als *Mietmensch* herum, als metaphysisch obdachloser und „unbehauster Mensch“ *(Holthusen)* oder gar als Armenhäusler ohne eigenes Ackerfeld.

Im Bankhaus haust das große Geld, im Spritzenhaus das Löschwasser vom Häusermeer, im Warenhaus auch nicht der wahre Jakob, im Pent- und Oberhaus aber der Lord, im Frauenhaus das (gast)freie Weib, im Krankenhaus der tödlich Gekränkte, im Freudenhaus der Heidenspaß, mit Puffmutter als ungemütlicher Hausverwalterin. Nachdenken gilt schon als asozialer Irrenhausfriedensbruch mit Hausdurchsuchung.

Der Hausmann heute gründet seinen postfamiliären Hausstand mit Hausmannskost und schlechtberatener Hausratversicherung. Der sesshaft ansässige Hintersasse und Hauswart ist ein alter *Blockwart* und Haustier mit Haustieren. In der sklavenhausinternen Revolution verjagen die Hausbesetzer die Hausbesitzer, bis der schiefhängende Haussegen zum Hausfluch wird. Hausmusik ist heute Popmusik aus der Steckdose, und der Aufenthalt im Hochhaushalt enthält sich jeder Wohnlichkeit.

Im Hause der Henkerin spricht man
auch nicht vom Stricken.

Erst suchten wir das Brandneue in der Reformation.
Dann in der Revolution. Später in Reformen und
Resolutionen. Heute im Reformhaus.

Der Kleinbürger tanzt aus der Reihe ins Reihenhaus.

In seinem Haus ist keiner Kunde,
und das Verlassen des Hauses sei dein Haus.

Der Zimmermann im Haus erspart nicht
die Axt im Walde und die Hand im Haus
nicht das Frauenzimmer.

Die Sterne, die du durchs Fenster siehst,
gehören nicht zu deinem Haus.

Die Herren im Hause des HErrn leben herrlich
und in Freudenhäusern.

Heimat ist unheimliches Eigenheim der Enteigneten.

My home is my castle :
Mein Luftschloss ist meine Heimat.

Nachkriegsdeutsche Parole : Heim in den Reichtum!

Utopia erreicht jeder, seine Heimat keiner.

Nationalismus ist militarisiertes Heimweh
nach dem Ausland als Fernweh nach der Heimat.

Folklore? Heimatvertrieb.
Deutsche sind in die Heimat Vertriebene.

Im Irrenhaus sitzen nicht jene, die in ihrer Selbst-
entfaltung behindert wurden, sondern alle,
die sich vollkommen selbstverwirklicht haben.

Wer auf Reisen erlebt, was man erlebt haben will, sollte zuhause bleiben.

Heimweh habe ich schon, wenn ich noch in der Heimat bin, in der Fremde dann nur noch Fernweh.

Ich liebe fremde Länder.
Dort kann ich meine Heimat lieben.

Häusliche Heimat? Deutsche sehnen sich dauernd dorthin, wo sie sowieso schon lebenslänglich sitzen.

Heimat? Seelischer Überbau des Wohn- oder Geburtsortes: als Welt zu klein, als Weltbild zu groß.

Kommt er daheim und zu Haus nicht zurecht,
fliegt der Mensch zum Mond.

Dem Nomaden, der Ansässige bedroht, schenkt der Staat ein Eigenheim, damit er lebenslänglich auf der festen Arbeitsstelle tritt.

Dichter und Denker sind stets Ausländer –
heimisch in geistigen Regionen.

Die einen fühlen Fernweh schon im Mutterleib,
die anderen Heimweh schon bei der Abnabelung.

Entweder 2-Stundenarbeitstag oder
Tourist mit Eigenheim, Auto und PC!

Man kann sich seiner Heimat entfremden,
aber auch in seine Heimat.

Wer sich ins Schneckenhaus verkriecht,
kann niemanden zur Schnecke machen.

Der Bürger bezahlt Fitnesscenter und Putzfrau,
statt sein Haus kostenlos selbst aufzuräumen.

In Gottes riesigem Zuchthaus bauen wir uns
viele kleine Zellen.

Als Egoist gilt schon, wer mit schwachen Kräften
haushalten muss.

Innerbetriebliche Mitbestimmung:
Irrenhausselbstverwaltung der Insassen.

Die Mehrheit der Mütter, die bei Kindern zuhause
bleiben, haben sich vom Fließband emanzipiert.

Ungerechte Globalisierung : Alle gewinnen,
doch manche besiegen die Gewinner haushoch.

Neue Erfahrungen machen alte Leute
nur noch im Krankenhaus.

Man steht im Warenhaus,
sitzt im Zuchthaus,
liegt im Freudenhaus
und steckt im Irrenhaus.

Hätte jeder ein Haus, gäbe es keine Äcker mehr.

Überm Frauenhaus steht : *Nein, meine Herren!*
Überm Freudenhaus : *Hi-nein, meine Herren!*

Gut sind nicht einmal Ehen zwischen
Hausmännern und misogynen Frauen.

Ob Warenhaus, Freudenhaus, Zuchthaus
oder Irrenhaus : Hauptsache, es geht nach Hause!

Das unheimlichste Vaterland sperrt dich ein
ausschließlich mit Einheimischen.

Erst Nomaden gegen Sesshafte, dann Arbeiter
gegen Bürger, nun Einheimische gegen Ausländer.

Arbeitstiere sind die zahmsten Haustiere
der Menschenzüchter.

Morgens ins Zuchthaus Fabrik,
Feierabends ins Freudenhaus Warenhaus
und morgens zurück.

Wer alles erfahren will, darf sich kein Haus bauen.

Kaufhaus : Bedürfnisanstalt,
wo man beschissen wird.

Mein Elternhaus gehörte fremden Vermietern.

Zuchthäuser waren immer Unzuchthäuser.

Den Menschen ist es misslungen,
sesshafte Häuslichkeit, Auto und Fernseher,
Gen-Labor und Internet nicht zu erfinden.

Moderne Gotteshäuser wirken wie von Atheisten
entworfen, modernisierte Freudenhäuser
wie von Asketen.

Willst du häuslichen Frieden,
rüste zum Geschlechterkrieg!

Irrenhäuser sind voll von messerscharf schließenden
Logikern, die ihren Unverstand verloren haben
und keine Unvernunft annehmen wollen.

Die Lebenszeit der allermeisten Erdbewohner
ist eine Henkersmahlzeit.

Realisten sind die Kellerbewohner des Weltgebäu-
des, die das Dachgeschoß für ein Luftschloss halten,
das ihre Gegner für ein Lustschloss halten.

Pessimisten halten Optimisten für Drogensüchtige,
aber Mansardenbewohner des Weltgebäudes,
die die Kellerräume für die Hölle halten,
sind noch keine Idealisten.

Das ganze Leben ist eine einzige Entwöhnungskur
für Sehnsüchtige. Die Rückfallquote ist gering.

Den Existenzkampf überleben nur kluge Tiere
und dumme Menschen, doch Geistesadel wohnt
gewöhnlich in Luftschlössern.

Pechvögel heißen gewöhnlich auch Friedenstauben.

Abwechslung langweilt gewöhnlich schneller
als alle Gewohnheit.

Illusionslose Leute sind Irre,
und Pragmatiker denken gewöhnlich viel verrückter
als Philosophen handeln.

Eine Stadt zerfällt in Dörfer,
aber ihre Einwohnerschaft nicht in Individuen.

Ich wohne auf Sirius, und die Erde ist mein Ideal.

Meister bin ich nie geworden, weder meiner
Gewohnheiten noch in meinen Gewohnheiten.

Gewohnheit macht Schlimmes erträglicher
und Schönes unerträglicher.

In seiner Wohnung ist mancher
weniger als im Weltall.

Im Oberstübchen des Untertans
wohnt der Unterleib der Obrigkeit.

Fast jeder Erdbewohner sieht im Spiegel mehr als im Kosmos.

Nur in Architekten wohnen ganze Gebäude.

Nur Gewohnheitstiere schaffen Ungewöhnliches und extraordinäre Leute Ordnung.

Ewige Naturgesetze sind Gottes Gewohnheiten.

Denken ist die Angewohnheit, von nichts Außergewöhnlichem entwöhnt zu werden.

Wer nichts Gewöhnliches mag,
macht nichts Außergewöhnliches zur Gewohnheit.

Der Monotheismus begann mit der wundersamen Geschichte des *Exodus* eines kleinen Nomadenvolkes aus „ägyptischem Sklavenhaus“.
Ganz ohne Funkhaus …

Sind moderne Wohnungen Inseln der Behaglichkeit oder bloße Spießergrotten? Ob karge Buden oder opulente Gemächer - man kann nicht mehr "wohnen" nach dem Grauen des 20. Jahrhunderts. Man haust irgendwie, auf Abruf, und so etwas wie "guter Geschmack" und "häusliche Wohnkultur" selber ist nur noch abgeschmackte Barbarei - wie umgekehrt auch der Verzicht auf sesshaftes Heim.

Es gibt kein richtiges Wohnen in falscher Welt ...

Freiheit und Freizeit

„Der Mensch rollt seinen Wagen, wohin es ihm beliebt, aber unter den Rädern dreht sich unmerklich die Kugel, die er befährt.“ *(Eduard Mörike, 1832)*

Mit der Industrialisierung waren einstmals sehr große Hoffnungen und Versprechungen verbunden. Die harten Knochenarbeiten und nervtötenden Routinearbeiten sollten fortschrittweise von leblosen Maschinen übernommen werden, so dass der Mensch und *jeder* Mensch endlich freigestellt würde für immer Schöneres und Besseres. Nun sind in den Industrienationen die allerschlimmsten Drecks- und Muskelarbeiten tatsächlich fast verschwunden, aber die Menschen arbeiten immer noch nicht weniger, sondern eher mehr als zu Zeiten der Ochsen und der Pferde. Die Produktivität der Arbeit ist durch maschinelle Rationalisierung so gesteigert worden, dass die Erwirtschaftung des Lebensnotwendigen nun immer weniger durchschnittliche Arbeitszeit erfordert. Aber anstatt die durchschnittliche Arbeitszeit daraufhin schrittweise zu drosseln, um endlich mehr leben als schuften zu können, wird sie eher erhöht und mit mehr Arbeit vollgepackt, um sich im Überfluss noch mehr Überflüssiges kaufen zu können. Je mehr und bessere Maschinen entwickelt werden, umso stärker wird gleichzeitig die menschliche Arbeitskraft beansprucht, um ihre Kaufkraft zu steigern. Besser als das Leben ist nur ein besseres Leben, und als besser gilt nun ein Leben, das sich immer mehr und Besseres leisten kann, je mehr es leistet.

Als der antike Sokrates auf einen Markt ging, soll er angesichts der Warenfülle gesagt haben: „Wie vieles gibt es doch, was ich nicht brauche.“ (Und wofür er also nicht schuften musste.) Der Weise von heute sagt : „Man tut seinen Job, den man hasst, um sich Dinge kaufen zu können, die man nicht braucht.“ Oder die man nicht brauchen sollte, wenn man nur zu leben verstünde. Das alte „Savoir-vivre“ ist kaum noch eine französische Tugend, geschweige denn schon globalisierbar. Wer den lieben langen Tag, den Gott werden lässt, für Lebensmittel hart arbeitet, hat keine Zeit und Kraft mehr zum Leben selber. Die Mittel und Wege haben die Zwecke und Ziele aufgefressen. Mit weniger Geld und mehr Zeit könnte man recht gut leben, mit mehr Geld aber nur weiterwerkeln für noch mehr Geld – und das aus purer Angst vor Hungertod, Inflation und Pennerdasein.

Aber wer mit viel mehr Freizeit nicht viel mehr anzufangen wüsste, der schlägt seine Zeit doch viel lieber mit Schuften tot als mit Billig-Bier vor Online-Pornos oder mit guten E-Büchern in Lese-Ecken. Das Schuften für Reichtümer wurde inzwischen ein hochgeistiges Armutszeugnis, aber man braucht schon einen recht veritablen materialistischen Idealismus, um sich tagtäglich dem *Wertgesetz* des von Menschen geschaffenen Kapitalgroßautomaten zu unterwerfen, statt mit bescheideneren Mitteln sein kurzes Leben zu genießen. Wem Zeit nicht mehr ist als Geld, schlägt sie am besten lebenslänglich mit Überstunden tot. Wenn viel Freiheit mit viel, viel Freizeit beginnt, endet sie schon in Büros und Fabriken. Aber *„wir verwirklichen uns selbst"* am Arbeitsplatz fern der Sonne, heißt es heute. Statt ganz neue Bedürfnisse nach immer anspruchsvollerem Leben zu entwickeln, lässt man sich zunehmend einwickeln von immer denselben Bedürfnissen nach immer alberneren Hochindustrieprodukten und kindischeren Prestigesymbolen, mit ressourcenvergeudenden Krach-Autos und gut überwachten PC.

Wer selbst in der Jugend kein Idealist war, sondern schon als Realist und Pragmatiker geboren wurde, wird seinen Brotberuf ja vor allem danach aussuchen, wie viel Wohlstand er verspricht und wie viel soziales Prestige er voraussichtlich abwerfen wird. Zu oft wird heute nicht Lehrer, wer eine pädagogische Ader hat, sondern wer Beamter werden will und für weniger Arbeitsstunden mehr Geld und Sozialprivilegien bekommt und inzwischen sogar noch zusätzlich ungestraft „bummelstreiken" darf. Man wird nicht Jurist, weil man schon als Jugendlicher den Erniedrigten und Beleidigten zu ihrem guten Recht verhelfen will, sondern weil das ein gutdotierter Akademikerposten ist mit erklecklicher Platzierung im Sozial-Ranking.

Das Akademikerkind studiert ja selten aus unbezähmbarem Interesse an den studierten Fächern. Man wird zu oft nicht Arzt, weil man erst einmal die unwiderstehliche Neigung und Eignung zum Helfen und zum Heilen hat, sondern weil schon Eltern und Großeltern Hochschulen absolviert haben und man an deren Lebensstandard inzwischen suchtgewöhnt ist.

Man sieht einen erheblicheren Fortschritt darin, seit Luther nicht mehr der Meinung zu sein, dass Arbeit schändet, sondern der Überzeugung zu sein, dass selbst Industriearbeit adelt, wenn sie die Familie mehr als nur ernährt. Die Antike hielt sich Sklaven, weil sie der begründeten Ansicht war, dass Arbeit schändet. Die Antike irrte nicht, weil Arbeit in Wirklichkeit adelt, sondern weil die Sklavenhalterei eine uralte Schande der Menschheit ist. Sobald aber menschliche Arbeitssklaven durch seelenlose Maschinen mal ersetzbar waren, sollte Arbeit wieder schänden und das sein, was sie für Menschen seit allem Anbeginn der Zeiten gewesen ist, ein Fluch, vor allem Arbeit für Dinge, die über die alltägliche Notdurft und über „Gottes Luxus“ weit hinausgehen. Für Essen und Trinken, für ein Dach über dem Kopf und für bescheidenen Komfort wie Waschmaschinen und Kühlschränke müsste niemand auf der Welt beim derzeitigen hochindustriellen Arbeitsproduktivitätsstand mehr als eine einzige Stunde täglich arbeiten müssen. Wer mehr arbeitet, tut das für seinen Luxus – oder eben für den Luxus seiner Ausbeuter. Wer sich mehr abrackern will, um sich lächerlichen Tand wie Eigenheime und Nobelrestauranttrips, hippe Smartphones und Swimmingpools, luftverpestende Mord-PKW und kerosinfressende Flugzeugreisen leisten zu können, sollte das tun dürfen, soweit er anderen damit nicht das Leben schwerer macht : Und das dürfte nun schwerfallen. Kurzum : Ist das Leben lang genug, um es mit stupidem Sex und Sport, Joggen und Yoga, Autofahren und Basteln, Reisen und Surfen zu verspielen?

Wer den Sinn seines Lebens darin findet, sich einen Posten in der arbeitsteiligen Hochleistungsgesellschaft zu suchen, hat sich kaum oft genug gefragt, ob er ein besonders sinnvolles Leben gewählt hat. Der Sinn eines Lebens als Autotechniker, Chiefconsultant, Kaufmann, Händler, Coach, Medienexperte, Werbegraphiker, Kulturbetriebsnudel etc. etc. etc. besteht darin, seine Kohle zu scheffeln, nicht in der Tätigkeit selbst, die meist völlig sinnfrei ist und deren Nutzen eher in ihrem Schaden liegt, also darin, Kapital irgendwo zu vernichten, um anderswo Kapital anzuhäufen. Wer nicht langsam aber sicher wieder ein unabweisbares Grundgefühl dafür entwickelt, dass es eine Schande sein sollte, sein Leben als „kreatives" Funktionsrädchen in einem arbeitsteiligen Gesamtgetriebe von Betrieben zu beschließen, der weiß gar nicht mehr, was Leben ist und schon einmal war, bevor es in Erwerbsarbeit ausartete, erst ins Umwühlen des von Gott verfluchten Ackers und dann ins immer arbeitsintensivere Bedienen immer ausgefuchsterer Maschinenparks.

Als der Steinzeitmensch noch gemächlich seiner Herde folgte, noch kein einziger Getreidehalm angebaut war, noch niemand ein abgestecktes Stück Land dem Weltschöpfer geklaut und kriegstreibend für sich allein beansprucht hatte, als die Gesellschaft nicht viel größer war als ein freiwillig lockerer Verband von Großfamilien und Sippen in der Steppe, als die Machthierarchien nicht viel steiler waren als die zwischen Mann und Frau und Kind(eskind)ern, als der Unterschied von Mensch und Landschaft noch kein Unterschied von Stadt und Landwirtschaft war, nannte die Bibel diesen Zustand den *Garten Eden*, das Paradies, aus dem der Nomade sich selber vertrieb, als er vom *Baum der Erkenntnis* aß, der Erkenntnis nämlich, wie Gottes Schöpfung am besten erschöpfend zu missbrauchen wäre als bloßen Rohstoff für bessere Schöpfungen der sesshaften Übermenschen.

Wer im großen Ganzen funktioniert, ist ganz dessen kleiner Funktionär. Wenn es Arbeiten geben sollte, die *nicht* erniedrigen, wären es Tätigkeiten, die zu nichts gut sind, die um ihrer selbst willen ausgeübt werden, nichts einbringen und ihren Sinn in sich selber haben – vor allem intellektuelle, gelehrte und künstlerische.

Wissenschaft

Einem ist sie die hohe, die himmlische Göttin,
dem andern
Eine tüchtige Kuh, die ihn mit Butter versorgt.

(Friedrich Schiller)

Die lateinische „industria“ ist der deutsche „Fleiß“: Die Industrie fordert und fördert noch immer einen Fleiß, den sie gar nicht ersetzt. Statt um sichere Arbeitsplätze zu kämpfen, kämpfte es sich aber weit edler um das Recht auf sichere Muße. Doch wer im Müßiggang aller Laster Anfang oder bloß seine innere Leere fürchtet, tut lieber alles, um nicht gar nichts tun zu müssen. Wenn sich von der Industrie den Wunsch nach idiotischen Statussymbolen genügend viele Dummköpfe einimpfen lassen, so dass sich teure Maschinen für den Massenkonsum erst rentieren, könnte der Verstand doch wohl zur Abwechslung auch einmal den viel schöneren Wunsch nach unbezahlbarer gebildeter Muße sich einreden lassen. Statt nach noch mehr Arbeitszeit zu gieren, um in „sozialen Netzwerken“ weltweiten Schwachsinn auszutauschen, könnten intelligentere Sklaven nach viel mehr Freizeit rufen, um wirkliche Gedanken auszutauschen. Zeit ist nicht Geld. Wer viel Geld zu brauchen glaubt, hat keine Zeit zu genießen, was sich damit anschaffen lässt : Der Tagträumer könnte das viel besser als der Manager. Wer nun sein bisschen Verstand nur einsetzt, um seinen Wohlstand zu mehren, hat ihn schon verloren an die tolle Jagd danach. Das smarte „Kapitalverhältnis“ zwischen den Menschen beherrscht sie wie ein Naturgesetz und ist doch von ihnen selber eingesetzt wie ein Strafgesetz.

In dieser schönen Zwickmühle hat sich der irre Neuzeitmensch selber verfangen und sich weisgemacht, dass alles andere schlimmer wäre oder ein

Rückfall in uralte Barbarei. Aber der Fortschritt, wie Walter Benjamin wusste, ist selber die Katastrophe, die er verhindern oder reparieren will. Und das Paradies war schon einmal da auf Erden, lang ist es her, und liegt noch in jedem Augenblick überall „gleich nebenan“.

Nicht die Industriearbeit schändet, aber der Glaube, sie biete dem kleinen Mann auf der Straße, wenn er nicht auf der Straße liegt, mehr Nutzen als Schaden. Die Nützlichkeit der allermeisten Arbeit heutzutage in den Hochindustrie-Nationen, mehr noch als in feudalen Ackerbaukulturen, ist so völlig sinnlos wie die hergestellten Produkte selber, die man sich zwingen muss zu brauchen, um seinen werten Arbeitsplatz ja nicht zu verlieren. Jeder verbirgt vor sich und anderen, wie sehr er sich vergewaltigen muss, für Dinge zu schuften, die er doch gar nicht zu brauchen wüsste, wäre er innerlich frei, frei von der Angst, auf der Straße zu liegen, als Abfall der Gesellschaft. Aber im Müll der Konsumgesellschaft einfach ersticken lassen sollte der kleine Mann seine hohen Herrschaften – und einfach seiner Wege gehen, wie der Hirtennomade der Steinzeit mit seiner Großfamilie unter Gottes freiem Himmel, wie noch bis vor zehntausend Jahren, um nicht ewig sesshaft „ackern“ zu müssen.

„Arbeit macht frei“ stand über dem KZ. Jeder wusste, dass es bedeutet : Arbeit vernichtet. Dieser Spruch könnte heute über jedem Firmentor stehen und in jeder Firmenbroschüre. Wenn totalitäre Regime wie die sozialistischen uns durch Arbeit vernichten, leben auch *freie Arbeitnehmer* heute in tendenziell totalitären Gesellschaften. Die Arbeitswelt heutzutage unterscheidet sich von der Sklavenarbeit früherer Zeiten vor allem durch den „freien Arbeitsmarkt", also durch den blanken Hohn, zwischen Pest und Cholera ständig wählen zu müssen. Ein freier Mensch, der sich selber verkauft, arbeitet eben sehr viel besser als ein Sklave, der eingekauft wurde : Nur deshalb wurde er *befreit*.

Arbeitslosigkeit ist heute das Schreckbild der paradiesischen Muße, die die meisten Zeitgenossen als höllische Langeweile erleben und wohl keinen einzigen Monat lang ertragen würden, ohne mit allfälligen Depressionen zu Sozialarbeitern zu rennen. Solange Menschen mehr Angst *um* ihren Arbeitsplatz haben als *vor* ihrem Arbeitsplatz, der ihnen viel mehr Leben stiehlt als erhält, wird sich nichts Nennenswertes ändern an der „alten ökonomischen Scheiße" *(Karl Marx)*. Wer sich freiwillig manipulieren lässt, hält sich für frei, und wer sich heute für frei hält, ist manipuliert. Selbsterhaltung durch Arbeit ist für den Normalverbraucher Selbstvernichtung durch Arbeit – und auch umgekehrt. Die heilige *Wettbewerbsfähigkeit* ist nur ein billiges Erpressungsmittel für gut „dressierte Arbeitstiere". Mancher glücksritterliche Arme ist nicht gescheitert im und am Konkurrenzkampf, sondern bestraft für seinen Unwillen, am Rattenrennen teilzunehmen.

Was wird aus der „Kritik der politischen Ökonomie"?

Eines schönen Tages werden es hoffentlich genügend viele Leute völlig unverständlich finden, dass es Sterbliche gegeben haben soll, die gern und freiwillig lebenslänglich zu Industrietechnikern oder Agrarökonomen sich machen ließen, um auch nur ihr täglich Brot verdient zu haben und nicht unter Brücken schlafen zu müssen. Wir arbeiten dummdreist begeistert für sinnlosen Unfug und hochgiftigen Krempel, für den auch nur den kleinen Finger zu rühren wir uns leider nicht zu schade sind und den ein freier oder stolzer Mensch nicht einmal geschenkt nehmen würde. Maschinen nehmen uns ja viele harte und öde Arbeit ab, aber mit der so gewonnenen Zeit wissen die allermeisten gar nichts Besseres anzufangen, als für noch Besseres noch mehr zu rackern, bis schon die Enkel es auf den Müll werfen.

Der Industrialismus weckt mehr neue teure Bedürfnisse, als dass er den alten Bedarf preiswert deckt. Eine Maschinenwelt aber, welche die durchschnittliche Höchstarbeitszeit des durchschnittlichen Arbeitnehmers nicht radikal auf eine einzige Stunde pro Tag reduziert, ist überflüssig bis volksschädlich. Der Bedarf von vorgestern produziert keine billige Massenware und Freizeit, sondern jede neue teure Ware produziert Konsumenten und neue Wünsche, die nur durch gleichbleibend hohe Arbeitszeit an immer raffinierteren Werkzeugen zu erfüllen sind.

Die unverkürzte Arbeitszeit wird mit jeder hochtechnischen Innovation nur immer produktiver und beansprucht die Nerven viel mehr als die Muskeln. Die Automaten schaffen leider keine ausreichend bezahlten und endlich „freigestellten" Arbeitslosen, sondern nur höherbezahlte Arbeitstiere. Die Wissenschaft macht wenige klüger und die Mehrheit immer noch dümmer. Die demokratische Gesellschaft heute heißt : Mit höchstem Tempo wird das Tempo zügig gezügelt. Kurzum : Gesellschaft und Individuum verhüten einander auch weiterhin.

Vor sozialem Tod schützen nur noch Übersättigung und Überarbeitung. Wir wollen mehr leisten, um uns mehr leisten zu können, statt weniger zu kaufen, um weniger schuften zu müssen – und uns gratis auf kultivierteren Jagden zu vergnügen statt auf teuren Yachten zu langweilen. Maschinen, die uns nicht für schwere nutzlose Geistesarbeit freistellen, sind nutzlos.

Freiheit ist nur noch Wahlfreiheit zwischen Konsumgütern, doch die Mehrheit will mehr Zeit für ihre Familien und nicht für „ihre" Firmen. Der allgemeingültige kategorische Sozialimperativ laute: Sei so frei und gönne dir nicht mehr, als *jedermann* auf Erden füglich beanspruchen dürfte! (Kein PKW für jeden Haushalt der Welt z.B.!) Und entwickle endlich Bedürfnisse, die nicht mehr zu befriedigen sind durch Roboten für einen „ökologischen Umbau" der Industriegesellschaft, denn „Nachhaltigkeit" hieße nur Elektronik der nächsten Generation, wieder nur ein profitables Projekt neuer Technologien. Das wäre lediglich dasselbe in Grün, ein endloses Malochen für den *schadstoffärmeren* Technologieschub der Zukunft – ad infinitum. Paul Watzlawick hat den modernen Fortschritt recht gut beschrieben : Immer mehr vom Immergleichen.

Der Zeitgenosse ist ja nicht zu gierig, seine Gier ist eher zu anspruchslos und zu bescheiden. Er gibt sich klaglos zufrieden mit mehr *umweltfreundlichem* Geld aus *erneuerbaren Energien*, mit einem *nachhaltigen* Arbeitsplatz an der Sonne. Wenn der Ruf nach gleichem Lohn für alle eine närrische Utopie sein soll, wie wäre es dann mit dem revolutionären Ruf nach einer menschenwürdig dotierten Fünfstundenarbeitswoche für alle?

Muss man erst ganze Weltkriege verlieren, um *Lastenausgleichsgesetze* zu erlassen? Wer mehr arbeiten will, als er für das Leben braucht, sollte sich lieber ganze Kulturen als größere Reichtümer erarbeiten. Wie einst der Adel von den Bauern lebte, könnte einst jeder kleine Scheißer von den Maschinen leben, wenn die großbürgerliche *leisure class* nicht vom Hof- und Schwertadel zum quirligen Stumpfsinn von Managern degeneriert wäre, statt sich etwa zum Geistesadel eines Larochefoucauld zu verfeinern.

Die Firmenkultur einer so modernen Sklavenhalterklasse lädt ja nicht zur proletarischen Demokratisierung ein, nicht einmal zur „Enteignung“, denn wer wollte sich mit diesem gefährlichen Ballast von Konzernen belasten? *Vergesellschaftung der Produktionsmittel* durch Betriebsangehörige wäre heute nicht viel mehr als eine Selbstverwaltung von Zuchthausinsassen.

Technik heißt nun : Der Arbeitslohn steigt schneller, als die Arbeitszeit fällt. Man bekommt schneller mehr Gehalt als mehr Freizeit – bestenfalls. Bei halbem Arbeitstag pro Woche bliebe natürlich kaum noch ein abschöpfbarer und abjagbarer *Mehrwert* übrig für die Enteigner, Unterdrücker und Ausbeuter, aber Investitionen in teure Automaten für billige Massenartikel blieben immer noch rentabel genug.

Dem Adel das Beste, dem Pöbel die Reste? Niemand sollte über Kapitalismus reden dürfen, der nicht über Industrialismus reden will.

Wer am Konkurrenzkampf um Reichtümer nicht teilnehmen mag, sollte keinen Existenzkampf gegens Verhungern führen müssen. Die Industrialisierung ist die Opfer nicht wert, die sie kostete, kostet und noch kosten wird, aber wenn sie schon nicht mehr rückgängig zu machen ist, sollte sie nun nicht Übersättigung durch Überarbeitung bedeuten, sondern gleichbezahlte Arbeitslosigkeit aller. Bis heute muss man zu viel Geld verdienen, um nicht zu wenig zu verdienen.

Man will heute in Bildung viel mehr investieren, aber nur in Bildung, die nach mehr Profit ruft und nicht nach mehr Muße für jeden. Die Höheren Bildungsanstalten des Landes sind jetzt überfüllt mit proletarisierungsbedrohten Mittelstandskindern, die oft begabtere Arbeiterkinder verdrängt halten. Eine Demokratie jedoch, die „bildungsferne Bevölkerungsteile“ unterfördert, ist eine von Expertokraten wissenschaftlich abgesegnete Elitendiktatur. Der

Klassenkampf ist hier keiner „Sozialpartnerschaft" gewichen, er wird nur noch rücksichtslos von oben geführt, in Verteilungskämpfen um Zugangschancen zu nationalen Fleischtöpfen. Bert Brechts „Fragen eines lesenden Arbeiters" wären Fragen des *animal rationale*, des denkenden Arbeitstiers, nach Bildung, die nicht nur Ausbildung am Fließband für das Fließband wäre, sondern für erfülltere Emanzipation von jeder Fabrik. Die „Volksschulen" mutierten zu Volksverdummungsanstalten durch Popkultur von oben, und unsere Kirchen sind leider längst keine *Volkshochschulen* mehr.

Der Ausweg aus der Industriegesellschaft in eine Dienstleistungsgesellschaft schafft wieder bloße Diener, die Maschinen und deren Besitzer bedienen und eben nicht bedient sind. Höhere *„Lebensqualität"*? Viel höhere Freizeitquantität fehlt.

„Die industrielle Tendenz hat uns aus dem Feudalismus befreit, und die ideelle Tendenz wird sich aus der industriellen allmählich entfalten."

(Mediziner *Ernst von Feuchtersleben*, 1850)

Es wäre machbar, wenn nur eine demokratische Mehrheit mehr Freizeit im Überfluß als mehr Kaufkraft für Überflüssiges wünschen würde. Der Sachverstand hat längst Computermodelle durchgerechnet, wie eine allgemeine Freizeitmaximierung sich auf die übrigen Wirtschaftsparameter auswirken würde beim derzeitigen Arbeitsproduktivitätsstand. Dieser Ansatz, der der Arbeitszeitminimierung für alle die Priorität einräumt, hätte den Vorzug, weder für privatwirtschaftliche Preisgestaltung noch für sozialistische Verstaatlichung einseitig plädieren zu müssen.

(Ein „bedingungsloses Grundeinkommen" auch für alle arbeitsfähigen Rechtssubjekte wäre zu ungerecht gegenüber den Werktätigen, weil es nur einer Frühverrentung von Parasiten gleichkäme.) Also entweder Beschränkung der Arbeitszeit und der Kaufkraft auf *vernünftige* Bedürfnisse oder nur Reduktion der Freizeit auf manipulierte Bedürfnisse nach Arbeitskraftreproduktion?

Man könnte erwidern, daß auch Gewerkschaften kürzere Wochenarbeitszeiten fordern – aber nur zu Zeiten geringer Arbeitskraftnachfrage. Sobald das Arbeitskraftangebot fällt, werden Gewerkschaften wieder flexibel weich und willfahren den Marktchancen. Sie sind unsichere Verbündete selbst kleiner Schritte zu allen radikalen Lösungen mit ausreichendem Erlös. Sie wollen im Zweifelsfall lieber weniger Arbeitslosigkeit als mehr Freizeit für jeden. Die gewerkschaftlich angepeilte moderate „Dreißigstundenwoche" will nur verknappte Arbeitsplätze auf mehr Arbeitslose verteilen; sobald wieder mehr Arbeitsplätze entstehen als Arbeitskräfte verfügbar sind, wird die Arbeitszeit – ob mit oder ohne Lohnausgleich – dann kampflos wieder erhöht. Auch Halbtagsjobs für alle wären da nur eine halbe Sache. Solange Gewerkschaften den Unternehmern freiwillige Lohnverzichte und un(ter)bezahlte Überstunden anbieten, um Arbeitsplätze zu retten, haben sie schon abgedankt. Maschinen, die uns die Sklavenarbeit nicht endlich abnehmen, sondern mit Luxusschrott und „Abwrackprämien“ nur vergüten, können uns gestohlen bleiben. Ein „geplanter Verschleiß“ der produzierten Waren tut sein Übriges.

Intellektuelle Arbeit kann nur ein Umdenken über die industrielle Arbeit anregen. Die Mehrheitsbeschaffer für solche Ideen sind nicht mehr die Intellektuellen, die Initialzünder und Spurenelemente sozialer Stoffwechselprozesse, sondern die Medien, der „Wesenskern der Gesellschaft“ *(T. Adorno)*. Der Rest ist eine bloße Organisationstechnik von Experten, wenn die Zielvorgaben und Rahmenbedingungen erst demokratisch legitimiert wären. Es wäre gar nicht sehr schwer, wenn sich nur genügend viele Menschen fänden, die es wollen. Bis dahin bleibt es eine Sache von Enklaven und Inklusen.

„Heute ist der gesellschaftliche Reichtum so groß, dass bei einer vernünftigen und wirklich auf die Interessen aller gerichteten Organisation der Produktionskräfte die Überwindung der Armut in der Welt in wenigen Jahren möglich wäre … Niemand leugnet, selbst die konservativen bürgerlichen Ökonomen nicht, dass in den entwickelten Industrieländern heute die Arbeitszeit entscheidend reduziert werden könnte, ohne dass das kulturelle und materielle Lebensniveau sich verschlechtern müßte.“ („Gespräche mit Herbert Marcuse“, Frankfurt/Main 1996, S. 98)

Der Ewige und Sein Urprojekt

Dass das "Wort Gottes" ursprünglich auf auserwählt Hebräisch erscheint, ist von höchster Bedeutung und müsste besonders beachtet werden. Daran entzündet sich alle seitherige Kritik am "Volk des Buches".

Ich soll mir ausdrücklich kein Bild vom Ewigen machen, weil es mir nur ähnlich sieht und dann nur zwischen uns steht. Auf die Frage nach Seinem Namen antwortet der "Herr der Heerscharen" allerdings selber : Man soll Ihn nennen "Ich bin (da)" oder "Ich bin, der ich (immer dabei gewesen) bin" oder "Ich bin, der ich (bei euch) sein werde".

Die biblische Theorie nennt die für uns wichtigen Naturgesetze und ihre praktischen Konsequenzen: die Sittengesetze der Moral, um uns einen vernünftigen und realistischen Umgang mit der Welt zu verschaffen. Die "heiligen" (nicht eigenmächtig zu verändernden) Schriften geben eine Art von Gebrauchsanweisung für Sein universales Produkt, so etwas wie eine praktische Bedienungsanleitung Seiner Schöpfung für uns. Es sind Seine "guten Tipps" an uns zum sachgerechten Umgang mit dem geschenkten Leben : Kompetente Empfehlungen direkt vom Hersteller, der es ja schließlich wissen muss. (Siehe etwa Seine fundierten Ernährungstipps.)

Und man tut gut daran, das Kleingedruckte rechtzeitig zu beherzigen, wenn man Freude am erworbenen Erzeugnis haben will, das einem ja nicht um die Ohren fliegen soll. Entweder lässt man es sich also vom Sachverständigen gesagt sein, der alle Fabrikgeheimnisse kennt, oder muss sich selbst durch langes *trial and error* erst beliebig viele Beulen holen und durch mühsamen Schaden klug werden. Man hat die freie Wahl. Und der Ewige ist ein strenger Wanderlehrer : Menschliche Verletzungen Seiner objektiven Naturgesetze strafen und rächen *s*ich selbst. Dazu braucht es keine Hiebe von oben, nur fürsorgliche Warnungen eines wirklich Erwachsenen an seine unwissenden Menschenkinder vor den Folgen von „freien“ Naturgesetzverstößen.

Dann kann der Ewige selber aber nicht die bloße Summe der Naturgesetze des Alls sein, sondern nur der **Naturgesetzgeber** dahinter. ER stellt sich als Weltschöpfer *(Pancreator)* vor. Der Schöpfer kann aber nicht mit seiner Schöpfung zusammenfallen, wie ja auch ein Künstler nur in metaphorischem Sinn mit seinem Werk eins ist : Eine Sache der Sprachlogik. Der Produzent "ist" nicht sein Produkt, sonst landen wir z.B. bei Spinoza mit seinem pantheistischen "Deus sive Natura naturans". Diese Lehre wird von allen drei Monotheismen aus gutem Grund eher skeptisch gesehen. Kurz : Der "Pankreator" muss zu seinem Werk "transzendent" sein und es "unendlich übersteigen", um es auch nur erschaffen zu können.

Der Gottesbegriff eines *Naturgesetzgebers* ist sogar kompatibel mit Kants "praktischer Vernunft" und seiner moralphilosophischen Deutung der biblischen Religion. Kant formuliert in seiner "Grundlegung zur Metaphysik der Sitten" den "kategorischen Imperativ" um : "Handle so, als ob die Maxime deiner Handlung durch deinen Willen zum *allgemeinen Naturgesetze* werden sollte.“ (Stuttgart 1978, S. 68) „Subjektives Prinzip“ von „Maximen der Freiheit, als ob sie Gesetze der Natur wären“ (a. a. O. S. 126) – „einer Naturordnung ähnlichen Gesetzmäßigkeit unserer Handlungen“ (a. a. O., S. 82).

Im "Kanon der reinen Vernunft" von Kants transzendentaler Systemarchitektur stehen alle Einzelwissenschaften noch unter der "regulativen Gottesidee" vom Ganzen des Seienden und seiner Erkenntnis. Davon kann bei der modernen *Scientific Community* nicht mehr die Rede sein, ganz im Gegenteil. Kants Wissenschaftsideal einer durchmathematisierten Naturwissenschaft hat die technisch-industrielle Naturmanipulation seither so weit vorangetrieben, dass sie selbst Kants "praktische Vernunft"" unter sich begrub, von Kants "Religion innerhalb der Grenzen der bloßen Vernunft" ganz zu schweigen, wo die Moralvernunft noch vom geschriebenen Gesetz des Einen Gottes gestützt wurde. Kant sah "ein ethisches Gemeinwesen als ein Volk unter göttlichen Geboten, d. i. als ein Volk Gottes .." (Stuttgart 1974, S. 128)

Heute abstrahieren reduktionistische Wissenschaftsprozeduren positivistisch von allen vermeintlich nur subjektiven Ambivalenzen, Atmosphären und Paradoxien ihrer methodisch zugerichteten und kastrierten Objekte, sodass oft das Wichtigste daran unter den Tisch fällt, wie die "Kritische Theorie" Adornos unverlierbar gezeigt hatte.

Das "nachmetaphysische Zeitalter" war vielleicht voreilig, als es Metaphysik durch kommunikative Metasprachen ersetzte. *Metaphysica specialis* 2020: Gott und die Welt und die Seele : Monotheismus, Naturwissenschaft und Psychoanalyse?

Vielleicht liegt den Blaupausen des Weltbauplans, konzipiert in "sechs" Arbeitstagen, ja eine Höhere Mathematik zu Grunde. Ob Er uns aber jemals in diese Spiel- und Sternkarten naturwissenschaftlich gucken lässt? Zur Lebenspraxis des gewöhnlichen Sterblichen ist das allerdings nicht notwendig, deshalb wohl steht auch nichts davon in Seinem biblischen Ratgeber.

"Der olle Jott" ist nur ein menschlicher Begriff, das stimmt, aber der menschliche Begriff gerade von etwas, das alle menschlichen Begriffe "transzendiert", unsere subjektive Idee gerade von etwas, das ganz außerhalb all unserer subjektiven Ideen liegt, also des **Objektiven schlechthin.**

Die biblische Urhypothese will experimentell getestet sein wie jede wissenschaftliche Theorie. Die empirischen Testreihen laufen seit Jahrhunderten oder Jahrtausenden, open end. Verifizieren lässt sich keine Theorie, schreibt Karl Popper, aber vielleicht falsifizieren? "Das säkulare Zeitalter" (Charles Taylor) moderner A(nti)theisten *glaubte*, schon akademisch gesiegt zu haben, doch der olle Jott scheint sich *offenbar* zurückgemeldet zu haben – weltweit.

Das "Buch der Bücher" ist eben keine Mystik, Magie oder Lyrik, sondern eine sehr rationale, inspirierte und pragmatische Lehr- und Kampfschrift – über historische Erfahrungen eines ganzen Volkes mit einer ebenso folgerichtigen wie unglaublichen Theorie der Sklavenselbstbefreiung.

Deutsche missverstanden dieses Geschichts- und Naturgesetzbuch allzu oft als eine Art Zauberbuch, um übernatürliche Wunder zu vollbringen.

"Gott ist Geist, der lebendig macht" *(Hegel)*, und weil wir in biblischer Theorie "persönlicher Geist von Seinem Geist" sind, also mehr als nur Leben, können wir Seine Gesetze überhaupt nur (an)erkennen, nachbuchstabieren und anwenden.

Die drei auf Abraham fußenden Monotheismen sind im historischen Zusammenhang zu sehen. Als die Hebräer einen nationalen „Zaun“ um ihre Thora errichteten, um sie eifersüchtig für sich zu reservieren, entstand *korrigierend* das Christentum mit paulinischer Heidenmissionierung global. – Aber christliche Kontaminierung mit Gesetzesrelativierung, griechischer Philosophie, konstantinischer Verstaatlichung, Vergötterung des prophetischen *Menschensohnes* Jesus und Zölibatisierung des Rabbiners führte *korrigierend* zum Islam, der auf dem proletarischen Arabervater Ismael fußt, dem Erstgeborenen (!) Abrahams aus der unehelichen Verbindung mit seiner schwarzen Sklavin Hagar, welche von der eifersüchtig gewordenen Gattin Sarah zusammen mit dem Sohn verstoßen und in der Wüste vom HErrn selber gerettet wurde.

Ob noch weitere Propheten folgen werden,
muss wohl geschichtlich offenbleiben.

Bible Left setzt auf Exodus und Ismaels plebejische Erstgeburt. Das Recht des Allerersten im Himmel auf jede männliche Erstgeburt darf nicht verletzt werden, wenn keine Unheilsgeschichte starten soll wie mit den jüngeren Mamakindern, dem Herrensohn Isaak und dem Jakob-Israel (gegen Sklavensohn Ismael und betrogenem Esau) etc. etc.

Gottes Gesetz, unter dem die Erzväter lieber litten als unter ihrem König, löste der christliche Sohn in Liebe und Heiterkeit auf, hält mit dem Heiligen Geist Allahs dann erneut Gericht und konzentriert sich auf dessen unabdingbare Essentials in einer großartigen Einfachheit und Klarheit. Der dritte

Monotheismus kennt weder nationale Beschränkung noch 614 Gebote oder (polytheismusverdächtige) Trinität und erkennt alle Propheten vor ihm an, doch keinen mehr nach ihm.

Alle drei Monotheismen bergen aber totalitaristische Versuchungspotentiale und sind ohne *Pentateuch* nur Häuser ohne Fundament.

Beide anderen Religionen erkennen den vermutlich frau- und kinderlos zu jung verstorbenen ewigen Sohn Jesus nicht ganz an als kompetenten Schriftausleger mit der Autorität eines Patriarchen, der beruflich seine eigene Familie unterhält. Dieser Armenprophet sah seine Familie nur in der Jüngerschar, die ihre Familien verlassen sollten, stieß seine Mutter zurück und spielte seinen himmlischen gegen den leiblichen Vater aus. Er sah das eschatologische Hereinbrechen des Gottesreiches noch zu Lebzeiten so nahe vor sich, dass innerweltliche Zukunftsvorsorge nutzlos wurde. Die "Parusieverzögerung" bis heute musste dann in der Folge durch Dauerkirchen überbrückt und christologisch umgedeutet werden – wie politisches Scheitern zum geistlichen Triumph. Aber Jeshua Ben Josef aus Nazareth hatte das Gesetz Gottes vorbildlich erfüllt.

Die christliche Dreifaltigkeit hat ihren rationalen Kern vielleicht in republikanischer Gewaltenteilung (Montesquieu*)* : ***Legislative*** (hebräische Religion des Vaters), ***Exekutive*** (christliche Sohnesreligion) und ***Judikative*** (muslimische Religion des Heiligen Geistes im *Jüngsten Gericht*) in AT, NT und Qoran.

Als der Steinzeitmensch noch gemächlich seiner Herde folgte, noch kein einziger Getreidehalm angebaut war, noch niemand ein abgestecktes Stück Land dem Weltschöpfer geklaut und kriegstreibend für sich allein beansprucht hatte, als die Gesellschaft nicht viel größer war als ein freiwillig lockerer Verband von Großfamilien und Sippen in der Steppe, als die Machthierarchien nicht viel steiler waren als die zwischen Mann und Frau und Kind(eskind)ern, als der Unterschied von Mensch und Landschaft noch kein Unterschied von Stadt und Landwirtschaft war, nannte die Bibel diesen Zustand den *Garten Eden*, das Paradies, aus dem der Nomade sich selber vertrieb, als er vom *Baum der Erkenntnis* aß, der Erkenntnis nämlich, wie Gottes Schöpfung am besten erschöpfend zu missbrauchen wäre als bloßer Rohstoff für bessere Schöpfungen der sesshaften Übermenschen. Die christliche *Erbsünde* hat ihren rationalen Kern in diesem selbstverschuldeten Fall der nomadischen Jäger, Fischer und Sammler in die gottverfluchte Welt der feudal sich organisierenden Ackerbauern und Viehzüchter. –

„Macht euch die Erde untertan!“ : Tut sie unter eure Wanderstiefel! Der Arbeitssklave geht – und überlässt den Bürgern ihren Dreck und die Bürger ihrem Dreck.

Die beiden Söhne des Urelternpaares : Der Herr zog das Opfer des Wanderhirten (!) Abel dem Opfer des Bauern (!) Kain vor, verschonte aber den Brudermörder als den erstgeborenen Sieger der *freien* Verfallsgeschichte aller Sesshaften. Wir alle stammen ab von Kain, nicht vom Nomaden Abel („Hauch").

Psalm 23 : „Der Herr (JHWE) ist mein getreuer Hirte, mir wird nichts mangeln ..." Die Schafe wohnen am Tisch und im Haus ihres Hirten, und der um 1000 v. Chr. zum König avancierte Hirtenjunge David wurde Gastgeber und Hirte seiner Herde.

Nur zwei Dinge haben die letzten zwei Jahrtausende laut Chesterton in Europa überdauert, der christliche Seelenhirte *(Pastor)* und die bukolische Idyllenpoesie *(Pastorale)* : Sehnsuchtserinnerungen ans verlorene Paradies des vom HErrn favorisierten Goldenen Nomadenzeitalters.

Der Schöpfer versprach, Sein Werk nicht noch einmal zu vernichten, sondern abzuwarten, bis das freie Werk Seiner Ebenbilder wie der Babelturm naturgesetzlich von selbst zusammenbricht, um vielleicht auf Sein – vom Ebenbild verspieltes – nomadisches Urprojekt einstmals wieder zurückzukommen ...

Wir haben kein Patriarchat, und solange es nicht die Unterstützung der Frauen findet, hat es keine Chance gegen die Vorherrschaft von dummen Jungen und ewigen Kindsköpfen. Nur ein Patriarchat macht aus dummen Jungen richtige Männer und potentielle Väter, mit denen richtige Frauen auch etwas anfangen können. Der moderne Kampf gegen Väter ist auch ein Kampf gegen die drei Monotheismen, denn das "Prinzip Vater" ist das Prinzip der Individualisierung des Menschen, der Emanzipation aus dem *Sozialuterus* von Herden, Horden und Kollektiven. Was der Segen des Vaters aufbaut, möge der Fluch der Mutter nicht wieder einreißen.

Sparta, die präpotenteste Miltärdiktatur der Antike, wurde dominiert von asexuellen Feministinnen, die ihre Söhne (per Ödipuskomplex) an sich banden und sie dann gegen zu schwache Gatten und Väter ("Weicheier") mobilisierten und scharfmachten. Schon Aristoteles beobachtete, dass ausgesprochene Kriegerstaaten von ehrgeizigen Frauen beherrscht werden, die ihre lahmen Kerle in den Krieg schicken, um sie los zu werden. Und wehe, die kommen dann auch noch geschlagen wieder zurück! -------- Das wird, gender-ideologisch überhöht, amazonenstrategisch weiter praktiziert. Cherchez la femme!

Gott mag vermutlich unsere Hochkulturen nicht, die Sein Werk durch unsere Werke optimiert zu haben glauben. Sind all diese zivilisierten Veranstaltungen für Ihn nicht nur Verunstaltungen seiner Schöpfung? Menschliches „Eigentum ist Diebstahl" an Ihm und zur befristeten Nutzung uns alles nur ausgeliehen. Reiche kommen nicht ins Himmelreich, selig sind die Armen, denn ihrer ist es, und Er ist mit den Zerschlagenen im Geiste. Das Joch Seines Gesetzes ist sanfter als das Joch unserer Herrscher, und nur der HErr kann von den Herren der Welt befreien : Keine Revolution ohne Religion! Auch die aufs verfluchte Ackern folgende Industriewelt sollte eine historische Episode werden, die wir geistig möglichst bald hinter uns lassen, ist sie doch eine Pandorabüchse, die sich als unerschöpfliches Füllhorn gut verkauft.

Grand-Design-Kreationismus : Sind die Evolutionsgesetze des Lebens selber denn auch nur durch Evolution entstanden? Und warum soll der Schöpfer des biblischen Sechstageplans sich nicht einer "Stringtheorie" bedienen, die Relativitäts- wie Quantentheorie vereint und eine Jahrmilliardenentwicklung anstößt wie steuert?

Wissenschaft und Philosophie, denen nichts mehr heilig ist, werden zu Technik und Kulturindustrie. „Philosophie ist die Hermeneutik der Gnade." „Das einzig Sinnvolle ist es, Gott starrsinnig mit unseren Gebeten zu belästigen." *(Nicolás Gómez Dávila)*

Und wenn wir alles kapiert haben,
kann Er vielleicht weiterziehen,
der himmlische Weltlehrer ...

Und was ist mit all den vielen anderen Gottheiten aller Zeiten und Zonen samt ihren Geschichten? Einer genügt, Er vereint sie alle in sich.

Kurze Skizze einiger Religionsphilosophen der Tradition

Thomas von Aquin, der erzkatholische Hausphilosoph, übersetzte das Christentum ins Aristotelische, also ins hochhäuslich Realistische und empirisch Bewährte.

Hegel übersetzte den Protestantismus in Religionsphilosophie, die für Eliten auf den Begriff bringe, was die Religion dem Volk in Bildern sage. Gott könne ja als Vaterfigur seinen Begriff nur erfüllen, indem er sich im Gottessohn und dessen Gemeindegeist realisiere, um keine abstrakte Luftidee zu bleiben. Christus wie seine Kirche sei gleichsam der ontologische Gottesbeweis. Die anderen beiden Monotheismen fallen ihm dagegen ab.

Jesus erstehe auf nur im Kerygma. *Rudolf Bultmann* übersetzte die Bibel ins Heideggerdeutsch, so dass seine „Entmythologisierung" sich gleich wieder existentialontologisch remythologisierte. Bei Bultmann kommt die anthropologische Anschlussfähigkeit der Theologie zu ihrem Recht um den Preis rechtslastiger Heideggereien.

Karl Barths Gottesbegriff thront so inkommensurabel über seiner eigenen Schöpfung, dass er kaum mehr als ihr Schöpfer verständlich ist, als habe er nichts damit zu schaffen und als sei sie des Teufels. Theologie wird so dialektisch, dass Gott nicht mehr nur der antikulturprotestantische „Ganz-Andere" sei, sondern aller Welt und sogar deren Religion widerspricht. Wenn Christi Himmelreich nicht mehr von dieser Welt ist, ist es vom Weltuntergang kaum noch zu unterscheiden. Die Liebe und Gnade von oben wird launisch und terroristisch wie die Fortuna. Beim „Rotbarth" kommt die unmanipulierbare Unverfügbarkeit des Schöpfers zu ihrem Recht um den Preis einer Zumutung für den Menschenverstand und ohne Brücke zwischen Glauben und Wissen.

„Theologie der Hoffnung". Neuere evangelische Christologien wie z.B. die von *Jürgen Moltmann* übersetzten die Bibel in Ernst Blochs marxistischen Messianismus. Aber wo endete der?

+++

… unendlich nah aus unendlicher Ferne,
das Heilige ...

Natur und Kultur

Aus Anlaß seiner Kritik an Herders »Ideen zur Philosophie der Geschichte der Menschheit« (1785) entwickelte Kant 1786 in einem kleinen Aufsatz seine eigenen Ideen über den »Mutmaßlichen Anfang der Menschengeschichte«. Kant wagte da die »Lustreise« einer philosophischen Exegese der ersten Kapitel der biblischen Schriften : »Der Leser wird die Blätter jener Urkunde (1. Mose Kap. II bis VI) aufschlagen, und Schritt vor Schritt nachsehen, ob der Weg, den Philosophie nach Begriffen nimmt, mit dem, welchen die Geschichte angibt, zusammentreffe.« (»Von den Träumen der Vernunft. Kleine Schriften zur Kunst, Philosophie, Geschichte und Politik«, Wiesbaden 1979, S. 268).

Friedrich Schiller war von dieser transzendentalphilosophischen Auslegung der religiösen Transzendenz so inspiriert, daß er 1790 in ähnlichem Geist »Etwas über die erste Menschengesellschaft« schrieb. Kant sagt über den ersten Menschen : »Der Instinkt, diese Stimme Gottes, der alle Tiere gehorchen, mußte den Neuling anfänglich allein leiten. Dieser erlaubte ihm einige Dinge zur Nahrung, andere verbot er ihm (Gen 111,2,3).« (269) »So lange der unerfahrene Mensch diesem Rufe der Natur gehorchte, so befand er sich gut dabei. Allein die

Vernunft fing bald an sich zu regen ...« (270) »Er entdeckte in sich ein Vermögen, sich selbst eine Lebensweise auszuwählen, und nicht gleich den Tieren an eine einzige gebunden zu sein ... Er stand gleichsam am Rande eines Abgrundes« (271).

Macht euch die Erde, aber nicht einander untertan: Bewanderte bringen die Erde wandernd unter ihre Füße. Kant sieht in der Genesis auch die des Sittengesetzes : »Und so war der Mensch in eine Gleichheit mit allen vernünftigen Wesen, von welchem Range sie auch sein mögen, getreten (Genesis 111,22) : nämlich, in Ansehung des Anspruchs, selbst Zweck zu sein, von jedem anderen auch als ein solcher geschätzt, und von keinem bloß als Mittel zu anderen Zwecken gebraucht zu werden ... Dieser Schritt ist daher zugleich mit Entlassung desselben aus dem Mutterschoße der Natur verbunden«. (273 f.) »Indessen ist dieser Gang, der für die Gattung ein Fortschritt vom Schlechteren zum Besseren ist, nicht eben das nämliche für das Individuum ... Die Geschichte der Natur fängt also vom Guten an, denn sie ist ein Werk Gottes; die Geschichte der Freiheit vom Bösen, denn sie ist Menschenwerk. Für das Individuum, welches im Gebrauche seiner Freiheit bloß auf sich selbst sieht, war, bei einer solchen Veränderung, Verlust; für die Natur, die ihren Zweck mit dem Menschen auf die Gattung richtet, war sie Gewinn.« (275)

Was für menschliche Gattung und Gesellschaft ein unbestreitbarer Fortschritt sei, bilde für jeden einzelnen Menschen eine fortschreitende Verfallsgeschichte. Auch Kant entscheidet sich für den Fortschritt durch »ungesellige Geselligkeit« und gegen die glückliche Freiheit des autonomen Individuums, also gegen »Gemächlichkeit und Frieden« und für »Arbeit und Zwietracht«. Er gibt zu, daß dieser Prozeß der Vergesellschaftung eine Denaturierung mit sich bringe, hofft aber mit Rousseau auf einen utopischen Zustand, »bis vollkommene Kultur wieder Natur wird« (278), und wenn nicht für das jeweilige Individuum, so doch für die menschliche Gattung.

Niemand teilt heute mehr diese Hoffnung, und doch will niemand mehr ins Naturparadies Gottes zurück. Die »Dialektik der Aufklärung« hat inzwischen die höllischen Züge dieser bürgerlichen Utopie aufgedeckt, ohne deshalb zum „Goldenen Zeitalter" im Reich Gottes zurückzuwollen. Nach Kant ist es die göttliche Stimme der Natur selber, die dazu aufrufe, sich von der bloß rohen Natur zu befreien mit Hilfe der Vernunft, aber er muß zugeben, daß die Vernunft Menschenwerk ist und im Naturinstinkt die Stimme Gottes ihr widerspricht. Kant verfolgt diese Dialektik zwischen dem Wort Gottes und der Stimme der menschlichen Vernunft im welthistorischen Kampf zwischen Nomaden und Sesshaften. Er gibt zu, daß die Nomaden der menschlichen Obrigkeit so opponieren wie seine Seßhaften dem Willen Gottes: »So lange nun noch die nomadischen Hirtenvölker, welche allein Gott für ihren Herrn erkennen, die Städtebewohner und Ackerleute, welche einen Menschen (Obrigkeit) zum Herrn haben (Genesis VI,4), umschwärmten, und als abgesagte Feinde alles Landeigentums diese anfeindeten und von diesen wieder angefeindet wurden, war zwar kontinuierlicher Krieg zwischen beiden, wenigstens unaufhörliche Kriegsgefahr, und beiderseitige Völker konnten daher im Inneren wenigstens des unschätzbaren Guts der Freiheit froh werden – (denn Kriegsgefahr ist auch jetzt noch das einzige, was den Despotismus mäßigt; ...« (280 f.).

In einer Fußnote erläutert Kant das freie >patriarchalische< Verhältnis des Wüstenscheichs zu den nomadischen Beduinen : »Dieser ist keineswegs Herr über sie, und kann nach seinem Kopfe keine Gewalt an ihnen ausüben. Denn in einem Hirtenvolke, da niemand liegendes Eigentum hat, welches er zurücklassen mußte, kann jede Familie, der es da mißfällt, sich sehr leicht vom Stamme absondern, um einen ändern zu verstärken.« (281) Eheliche Vereinigungen zwischen Göttersöhnen und Menschentöchtern in Genesis VI. deutet Kant als verbotene Vermischungen der von Gott begünstigten Nomaden, die auf seiner Erde umherziehen nach den Sternen, und der von Gott abgefallenen Sesshaften, die den nach der Paradiesvertreibung verfluchten Acker bestellen. Der Friede zwischen besitzlos müßigem Nomadentum und sesshaftem »Ackern« beende ihren freien Wettkampf und führe zu einer sintflutwürdig himmelschreienden Tyrannei aller Laster. Wer keinen Feind mehr zu fürchten habe, entarte auf unserer niedrigen Kulturstufe und gehe naturgesetzmäßig an sich selbst zu Grunde. »Auf der Stufe der Kultur also, worauf das menschliche Geschlecht noch steht, ist der Krieg ein unentbehrliches Mittel, diese noch weiter zu bringen ... und die heilige Urkunde hat ganz recht, die Zusammenschmelzung der Völker in eine Gesellschaft, und ihre völlige Befreiung von äußerer Gefahr, da ihre Kultur kaum angefangen hat, als eine Hemmung aller ferneren Kultur und eine Versenkung in unheilbare Verderbnis vorzustellen.« (283)

Heute, über zwei Jahrhunderte nach der Niederschrift dieser Sätze, sind die Nomaden und die Seßhaften zwar nicht verschmolzen, aber die Seßhaften haben sich an allen Fronten zu Tode gesiegt, und die Nomaden sind praktisch vom Erdboden verschwunden, da sie in unwirtliche Reservate abgedrängt sind, die jeder Bürger freiwillig verschmäht. Kant erinnert daran, daß die Nomaden in ihren Einzelfamilien verstreut und die Seßhaften in ihren Kollektiven zusammengeschlossen leben, die den Beginn von Kunst und Kultur, »Geselligkeit und bürgerlicher Sicherheit« bedeuten.

Wenn Kant auch den »Übergang aus der Rohigkeit eines bloß tierischen Geschöpfes in die Menschheit, aus dem Gängelwagen des Instinkts zur Leitung der Vernunft, mit einem Wort : aus der Vormundschaft der Natur in den Stand der Freiheit« (275) favorisiert, so muß er doch einräumen, daß Gott dem Menschen die paradiesische Naturunmittelbarkeit erhalten will und daß die rationalisierte Welt Babels ursprünglich Teufelswerk sei. Obwohl Kant gegen Herder an der strikten Herrschaft von Vernunft über Natur als Freiheit vom Instinkt festhält, hilft er sich mit der dialektischen Konstruktion, daß die göttliche Stimme der Natur gerade dazu aufrufe, sich von dieser »rohen« Natur so lange zu befreien, bis die Kultur uns zur zweiten Natur geworden sei – auch und gerade gegen Gottes ausdrückliche Warnung.

»Das Hirtenleben ist nicht allein gemächlich, sondern gibt auch, weil es in einem weit und breit unbewohnten Boden an Futter nicht mangeln kann, den sichersten Unterhalt ... So konnte der Ackersmann den Hirten als vom Himmel mehr begünstigt zu beneiden scheinen (1. Mose 3,4).« Der Nomade Abel war von Gott nicht favorisiert, weil er von Bauer Kain erschlagen wurde, sondern wurde umgekehrt von Kain erschlagen, weil er als Nomade Gottes Günstling war. Noch bei Jesus klingt etwas davon nach : »Sehet die Vögel im Himmel an, sie säen nicht, sie ernten nicht und sammeln nicht in die Scheunen; und der himmlische Vater nähret sie doch. Seid ihr denn nicht viel mehr als sie?«
(Mt. 6,26)

Mann und Frau 2000

Welches der beiden Geschlechter ist schlechter oder gar Schlächter? Läuft der Geschlechtsverkehr verkehrt und wird nun umgeleitet?

Mann und Frau 2020 : Wie geht es weiter mit dem ewigen „Geschlechterkrieg“, dem Kampf der Facts and Fakes, der gegenseitigen Verdächtigungen und Verleumdungen, der Unterstellungen und Ressentiments, Verurteilungen. Vorurteile und Vorwürfe? Was ist künftig zu erwarten, und steht auf diesem Schlachtfeld mehr zu hoffen als zu fürchten?

Flirtversuche, längst als "übergriffiges Anbaggern“ gebrandmarkt, unterlässt *mann* inzwischen tunlichst, aus Angst vor Anzeigen wegen *sexual harassment* (at work or at home) – #MeToo sei Dank. Proteste von prominenten und erfahrenen Frauen aus der Medienbranche gegen drohende Flirtverteufelungen werden neofeministisch abgeschmettert und weggebügelt mit *radical chic.*

Mann und Frau sind nicht mehr zufrieden, sondern sie lassen sich jetzt zufrieden und am besten ganz links liegen. Jeder der beiden geht seiner Wege, rette sich, wer kann. Beide sind frei : Es steht nichts mehr zwischen den Geschlechtern, weil nichts mehr zwischen ihnen ist – nichts als das Nichts selber.

Der Sozialwissenschaftler *Wolfgang Pohrt* hat den ganzen Feminismus seit Alice Schwarzers Vorbild Simone de Beauvoir in einer Kapitelüberschrift seines Buches „Kapitalismus forever“ (Berlin 2012) auf den springenden Punkt gebracht : „Die Frauenbewegung hat das Kapital vom Arbeitskräftemangel befreit“, nicht die Frauen von Küche und Kindern, Chefs und Ausbeutern. – Die Frauenbewegung hat wie die Arbeiterbewegung gesiegt : Frauen und Proleten werden dauernd bewegt, mobilisiert und in Bewegung gehalten. Die erfolgreichen Kampagnen sorgten nur für Modernisierungsschübe der Wirtschaft, das ist alles – außer einigen überfälligen psychologischen Lockerungsübungen.

Spätestens seit den Weltkriegen hatten die *Trümmerfrauen*, welche für ihre gefallenen Männer ihren Mann stehen mussten, sich emanzipiert von Heim und Kindeskeim. Die passende "Pille" hat das dann nur ratifiziert. Der Krieg, laut Heraklit „der Vater aller Dinge", war eben immer der größte Slumclearer und Modernisierer jeder Gesellschaft, allem faulen "Friedensgesabbel" zum Trotz.

Nun haben wir weniger Heimchen am Herd und Muttchen an Windeln, sondern Doppelverdienerehepaare als Zugewinngemeinschaften (z.B. **Dinks:** „double-income-no-kids“). Inzwischen hat sich die

Sache schon teilweise wieder umgedreht. *Pump and dump* : Frauenheere am Arbeitsplatz erzeugen schon Lohndrücker_Innen.

Der weibliche „Penisneid“ *(Freud)* ist dahin und hat eher produktivem männlichen „Gebärneid“ Platz gemacht. Die „Autorität des Phallus“ existiert nur noch in der zunehmend homosexualisierten Männerwelt, also nicht mehr zwischen den Geschlechtern. Dort ist sie ersetzt durch die Autorität der Kinder über ihre Eltern wie der Kindeskinder über ihre Großeltern.

Eine Zeit lang erhoben „anti-autoritäre“ Eltern und Erzieher ihre Brut zur höchsten und einzigen Autorität über sich und lassen sich von ihren eigenen Kindern auf der Nase herumtanzen wie bei den heute zu überfürsorglichen „Helikopter-Eltern“, die da ihren Nachkommen nichts ersparen, indem sie ihnen alles ersparen wollen. Falls es überhaupt noch zu Kindern und Kindeskindern kommt in dieser abtreibenden "Kultur des Todes" *(Papst Johannes Paul II.).*

Ein Patriarchat hat es in unseren Breiten übrigens niemals gegeben. Das war immer ein bloßer Mythos oder eine alttestamentarische Utopie geblieben wie die sogenannten „Menschenrechte“. Hier gibt es auch heute so wenig ein Patriarchat wie ein Matriarchat, sondern entweder nur Vorherrschaft von nie erwachsen gewordenen dummen Jungen oder von protestantisch rigiden Höheren Töchtern und ihren sterilen Amazonenheeren.

Cherchez la femme! Kriegerstaaten waren schon laut *Aristoteles* meist dominiert von ehrgeizigen Hintergrundfrauen. Nur "patriarchalische" Fassade : Die Kampfmaschinen, gegen zu schwache Gatten ödipal aufgehetzte Söhne, wurden von ihren harten, gedemütigten Rachemüttern ungerührt ins Feuer geschickt, um deren ambitionierte Aufträge für sie zu erledigen. Und wehe, die Söhne kamen geschlagen aus den Kriegen zurück, dann drohte Liebesentzug! (*Hans Erich Nossack* hat diese Brutpflegeform auch im "preußischen Sparta" wiedergefunden.)

Kurz : Auch moderne Gesellschaften homosexualisieren sich eher, als dass sie Patriarchate werden.

„Sonderbar, Väter werden fast immer vergessen.“ *(Theodor Fontane, 1896)*

„Manche Menschen hängen wohl darum so sehr an der Natur, weil sie als verzogene Kinder sich vor dem Vater fürchten und zu der Mutter ihre Zuflucht nehmen.“ *(Friedrich von Hardenberg : Novalis)*

„Des Vaters Segen bauet den Kindern Häuser,
aber der Mutter Fluch reißet sie nieder.“
(Sirach 3, 11)

Reisebericht eines Daheimgebliebenen

Diese Reisereportage ist so etwas wie die Quintessenz all meiner Weltreisen, Urlaubsreisen und Lebensreisen, d.h. es war immer ganz gleich, wohin ich reiste. Sind Daheimgebliebene nur Zurückgebliebene? "Wer eine Reise tut, kann danach ein Gespräch auch nur um eine Viertelstunde ausdehnen." *(Paul Valéry)*

Wer sich wie die meisten Menschen aufs Reisen gar nicht versteht, gibt das auch deshalb nicht gern zu, weil er es meist gar nicht weiß. Wer weiß schon, wovor er beim Wegfahren eigentlich wegläuft und wohin? Ich Reiseneurotiker gestehe, weder die Ferien- noch Lebensreisetechnik zu beherrschen. Ich reise trotzdem nicht. Andere reisen gerade deshalb.

Das Leben ist mir Reise durch die Zeiten genug, um nicht auch noch Reise durch Orte sein zu müssen. In welche Himmelsrichtungen ich auch aufgebrochen bin, welchen wärmsten Empfehlungen enthusiasmierter Vorkoster ich auch willig gefolgt bin, entweder hat es mich überanstrengt oder angeödet oder beides zugleich und wütend oder krank gemacht. Meine Reiseabenteuer waren stets eine Kette von Versuchen, sie zu vermeiden, also von Missgeschicken, die mich wünschen ließen, nie losgefahren zu sein, und geloben ließen, nie wieder zu einer Reise aufzubrechen, bis eine nächste Urlaubshymne von Bekannten, die gar nicht einsahen, weshalb niemand ihre eigene Enttäuschung teilen sollte, mir das peinliche Gefühl aufdrängte, mein Leben vertan zu haben, wenn ich nicht wenigstens einmal und nie wieder in Lugano oder auf den Seychellen gewesen wäre.

Entweder war es mir zu kalt gewesen oder zu heiß, zu eng oder zu weitläufig, zu öde oder zu laut, zu teuer oder zu primitiv oder alles zugleich. Ich erhebe nichts als den Anspruch, für anspruchslos zu gelten, tue meinen Ratgebern aber nicht den Gefallen, daß es mir irgendwo irgendwann genügend gut gefallen hätte, um die Unternehmung je zu wiederholen, nicht einmal daheim in der Spitzwegmansarde, die nun wirklich eine ständige Aufforderung zur Abreise ist, ein einziger architektonischer Tritt in den Hintern.

Auf Reisen erlebe ich Schlimmes oder gar nichts; eins ist schlimmer als das andere. Es kann nichts passieren, ohne mich zu ärgern, und wenn ich entspanne, bin ich auch schon abgespannt und langweile mich, ohne mich umgekehrt gut zu unterhalten, sobald es etwas (an)spannender wird. Wir Reisenden zerstreuen uns in alle Windrichtungen, um uns nicht konzentrieren zu müssen, auf uns selbst oder etwas Selbstloses. Wir lenken uns selber ab, wenn der Alltag uns gerade nicht ablenkt, und nichts lenkt uns ab von der professionellen Zerstreutheit, dem bekannten Markenzeichen aller Zeitgenossen außer den Professoren.

Jede Urlaubsreise ist ein einziger hübscher Vorwand, ungestraft wieder einmal ungehemmt reden zu dürfen über nichts als Wetter und Wohnen, Kleidung und Körperpflege, Speis und Trunksucht. Die einen erobern die Welt mit Visionen und Divisionen, die anderen mit Visa und Devisen. Aber wirklich Ferien zu machen verstehen nur die, welche die Ferien gar nicht nötig haben, weil sie nicht im Arbeitsprozeß gegen den Menschen stehen und keine Arbeitsweltbürger sind. Wir anderen Teilzeitfaulenzer sind nur Reisedilettanten.

Die dialektische Reglementalität verlangt, daß Urlaub mich von der Arbeitswelt weit genug zu entfernen hat, um meine Arbeitskraft zu regenerieren, aber nicht soweit, daß er mich für sie nicht wieder fit macht, sondern der industriellen Entfremdung heillos entfremdet. Nach der Reise bin ich dann wieder mehr zu Hause als vor der Reise.

Ich reise nicht, weil mich die schöne Fremde anzieht, sondern damit das heimische Kaff mir danach für ein weiteres Jahr wieder erträglich genug ist, daß ich nicht Amok laufe oder aus dem Fenster springe oder auf Nimmerwiedersehen verschwinde. Kurz: Ich verreise, um nicht auswandern zu müssen in Länder, die selbst von Auswanderern fast entvölkert sind, meinen täglichen Mitpassanten auf unserer Straße daheim. Das Schönste an einer Reise ist die Heimreise, wie das Schönste an ihrer Geburt für die meisten Menschen nicht der Akt der Befreiung ist, sondern die lebenslängliche Sehnsucht zurück in den Mutterleib.

Will ich dort mein Geld verdienen, wo ich zu Hause bin, oder fühle ich mich dort zu Hause, wo ich mein Geld verdiene? Wenigstens einmal im Jahr dürfen wir unser Geld an einem anderen Ort ausgeben als dem, wo wir es verdienen. Nicht nur müssen wir zurück, wir dürfen zurück an die Ruderbank der Galeere, die uns vor uns selber schützt. Ortsveränderung ist Weltveränderungsersatz oder umgekehrt. Wir ändern unseren Standort in der Welt, um sie selbst nicht ändern zu müssen, oder bearbeiten wir umgekehrt die Erde, um sie nicht er-fahren zu müssen? Wir wollen Luft- statt Weltveränderung und fragen uns, ob wir lieber oder wenigstens Luftveränderung wollen.

Die Reiselustigsten wenigstens sind die Weltveränderungsfeinde, ob nun als Verwicklungshelfer in Nicaragua oder als Konterrevolutionstouristen in den USA. Ob jung oder alt, wir scheinen nie herauszukommen aus unseren Tapetenwechseljahren. Wir wollen mal andere Gesichter sehen, wenigstens andere Masken. Die Welt zu sehen, erspart eine Weltanschauung oder umgekehrt. Angeblich bereichert

Reisen auch und gerade jene, für die alles »Enrichissez-vous!« sinnlos ist.

Vor der Unfähigkeit, mit mir selbst etwas anzufangen, flüchte ich das ganze Jahr hindurch ins Berufs- und Familienleben, während des Urlaubs aber in fremde Länder. Es muß nicht immer Onanie sein, aber die Fähigkeit, im stillen Kämmerlein wirklich etwas anzufangen mit sich und seiner Zeit, wird gewöhnlich beschimpft als sogenannte Flucht in die Innerlichkeit, ein ganz besonders asoziales Laster. Vor dieser sagenumwoben verruchten Innerlichkeit flüchtet jeder nur allzu gern in einen Zerstreuungsbetrieb, der sich dann *Engagement* nennt und viel mehr dem nützt, der sich einsetzt, als dem, für den er sich einsetzt.

Die Flucht vor der (Flucht in die) Innerlichkeit ist Flucht in eine verschämteste Äußerlichkeit. Der Zweifel in die Zurechnungsfähigkeit von Reiseabenteurern und anderen Urlaubsnomaden braucht, um berechtigt zu sein, nicht gleich soweit gehen wie der amerikanische „Transzendentalist" Ralph Waldo Emerson aus dem letzten Jahrhundert : »Der Weise bleibt zu Hause. Das Reisen ist des Narren Paradies«. Emerson war Narr genug, die große weite Welt als eine einzige Irrenanstalt zu sehen, und darin wollen wir Narren ihm nicht folgen.

Ob wir nun verreisen oder daheimbleiben, ist nicht deshalb eins, weil wir unser liebes Ich ja doch überall hin mitnehmen (statt die Welt in unsere gute Stube zu lassen), sondern unsere viel liebere Ich- und Selbstlosigkeit. Urlaub ist als »Ferien vom Ich« die Suche nach dem wahren Selbst, heißt es.

In Wirklichkeit besteht unser »wahres Selbst« natürlich immer nur in der (bestürzenden oder im Gegenteil erleichternden) Entdeckung, wahrhaft gar nicht selbst da zu sein und auch nie existiert zu haben. Aber wem verhilft eine *aben-teure* Reise schon zu einem so bereichernden Mangelerlebnis? Ich will stets umso mehr freie Zeit für mich allein, je weniger ich damit anfangen kann. Weiß ich sie zu nutzen, ist das Leben schon fast zu lang. Ich gewinne durch die Technik Zeit, um sie mir vertreiben zu müssen, und spare lebenslang Zeit, um sie totschlagen zu können.

Schopenhauer hatte Recht : Langeweile läßt sich am wirksamsten vertreiben durch Not und Elend. Und das Ende der Not ist für die meisten von uns auch schon der Startschuß für Alleinherrschaft der Langeweile.

Urlaub, Ferien und Freizeit heißt, diesen Kreislauf, dem wir ausgeliefert sind, für kurze Zeit scheinbar in eigene Regie nehmen, also sich freiwillig kleinen Missgeschicken aussetzen, um in den Genuss zu kommen, sie noch gerade beheben zu können und vor uns selbst zu verbergen, daß wir es selbst sind, die die Hürdenstrecke vor uns aufgebaut haben.

To get into trouble and out again is keeping up with the Jones. Viele suchen im Urlaub die freie Natur auf einem Campingplatz an der Sonne. Wer campt, sucht aber das Überleben weniger im Freien als im Überwachungsstaat, der dort en miniature eingeübt wird. Da geht es von Maloch zu Masoch. Auch Drogen-Trips sind Urlaubsreisen, die niemanden so recht von der Stelle bringen.

An den Sehenswürdigkeiten des Reiseziels stört uns die steife Würde, und Museen, Galerien, Pinakotheken und Theater besuchen wir zu Hause ja auch nicht. Was ich bei mir zu Hause nicht einmal suche, finde ich, wie ich gebaut bin, erst recht nicht anderswo in der Welt. Der Reisende sieht Land und Leute wie der Zuschauer sein TV-Programm : Das Fernsehen zeigt Bilder wie aus dem Leben gegriffen, seit das Leben der Fernseher wie auf dem Bildschirm abläuft. Unsere Berufsarbeit ist so hart, weil sie so sinnlos ist, und dem Urlaub ist anzusehen, wovon er befreien soll. Was der Geschlechtsverkehr in der Woche, das soll der Reise- und Fremdenverkehr im Jahr sein, also wochenlang Sonntag ohne Woche davor und danach, ein ewiger Feiertag ohne Feierabend.

Am langweiligsten geraten stets die Maßnahmen gegen die Langweiler. Der wahre Tourist ist natürlich einer, der nicht als Tourist reist. Früher reiste man als »Kultourist«, aber das hatte so wenig mit Kultur zu tun wie der heutige »Natourismus« mit

Natur. Wir zerstören die letzten unberührten Biotope durch die Versuche, sie zu finden, zu erleben und zu schützen.

Früher verhielt der Begüterte sich zum Minderbemittelten wie der Individual- zum Massentourismus, aber heute ähnelt der Abenteuerurlaub eher einem Überlebenstraining für den rauen Alltag daheim als einem Urlaub von ihm. So häufig von Kulturkritikern nun die bessere gegen die blödere Art des Reisens verteidigt wird, so selten gegen jedes Reisen nur das schlichte Daheimbleiben. Daheimgebliebene sind Zurückgebliebene. Der Traum des Berufstätigen ist der Traumurlaub, und der Traum des Urlaubers ist die Traumreise. Reisen ins Blaue sind die Utopie der Sesshaften, das Stubenhockgrab ist die Utopie der Wurzellosen, das ist meine Hypothese, und »Hypo-These« heißt Unter-Stellung.

Flüchte ich ins Reisefieber vor dem Arbeitsleben oder vor meiner Unfähigkeit, im stillen Kämmerlein endlich das zu tun, wovor ich mich durch den Alltag erfolgreich schütze? Das Reise tut im Urlaub ziemlich genau das, was der Berufsalltag während der übrigen Zeit leistet : mich zu bewahren vor dem Offenbarungseid des N-ich-ts. Die Gebildeten sind den Rechtsaußen verfallen, weil sie zu wenig und nicht etwa zu viel unpolitische Innerlichkeit hatten. Sie hatten diese desengagierte Innerlichkeit nur propagiert und gar nicht kultiviert.

Reisen lenkt so schön ab von Arbeits- und Innenwelt zugleich; die Betriebsruhe fordert den Ruhebetrieb. Satiren haben sattsam verhöhnt, wie wir die Wohnung unserer Gewohnheiten überall hin mitnehmen durch die Art, wie wir sie hinter uns lassen wollen, und wie wir das Unerwartete verpassen durch die Formen, es herbeizulocken. Die Fremde schafft das traute Heim so naturgetreu nach, wie *Balkonien* daheim die ganze Welt werden kann.

Nichts sehen, nichts hören, nichts sagen : Am beliebtesten sind Gegenden, wo von Einheimischen nur dienstbare Geister zu sehen sind. Unser Verdienst besteht darin, sie an uns verdienen zu lassen, indem wir uns von ihnen bedienen lassen, und wenn das nicht klappt, sind wir bedient.

Beliebte Gegenden im Ausland, gleichsam schöne *Auslandschaften*, sind meist nur Flucht vor hässlichen Ausländern. Wir brauchen sie, ob wir nun bei ihnen zu Gast sind oder sie bei uns. Sie bedienen mich mal bei uns, mal bei ihnen selbst. Statt das Land kennenzulernen, lernen wir bestenfalls Landsleute kennen, die es auch nicht kennenlernen wollen. Reisebekanntschaften verbindet nur Unvermögen und Unwillen, am Reiseort und bei seinen Bewohnern auch wirklich "anzukommen".

Man reist anders, als *man* reist.

Die meisten Reiseberichte und Urlaubsdiavorträge von Bekannten verleiden einem das Reisen wie auch die Bekannten. Der größte Luxus ist ein Verzicht auf solche Luxusreisen. Reisende erleben selten etwas, das der Fernseher daheim nicht besser und billiger bietet. Die Unfähigkeit zu reisen wird nur noch überboten von der Unfähigkeit, zu Hause zu bleiben, ohne zu verzweifeln.

»Reisen« hat denselben Wortstamm wie das englische »rise«, aufsteigen, erregt und bewegt sein. Es hängt zusammen mit (ent)rinnen, rennen, rasen und reiten. Der Spott sieht im Reiseverkehr einen GV mit der schönen Fremde(n) und in der wahren Liebe einen Fremdenverkehr. Wer auf Reisen geht, geht fremd mit der Welt, und Fremdeln gilt als Heilmittel gegen Entfremdung seit alters her.

Ich verreise erst wieder, wenn ich zu Hause eines Tages wirklich etwas versäumen sollte. Ich b-leibe und k-lebe. Wer niemals aus seiner Vaterstadt herauskommt, ist deshalb noch kein Immanuel Kant, ich weiß wohl, aber der junge Kierkegaard machte zusammen mit seinem Vater die schönsten Weltreisen als Spaziergänge – in der Kopenhagener Wohnung.

Ich bin ein ewiger »Heimreisender« : Ich reise nicht heim, ich reise nur daheim und verlasse meine Gewohnheiten eher als meine Wohnung. Der chinesische Ur-Taoist Dschuang-Tsi sah jedermanns Seligkeit darin, im Geburtsort zu leben und zu sterben. Mein Brotberuf ist eine Kette täglicher Dienstreisen zur Arbeitsstelle, und auf diesem Weg zwischen Wohnzimmer-Sessel und Büro-Drehstuhl fällt mir mehr auf als anderen zwischen Zürich und Acapulco, nämlich nichts – nichts als Leute, die in Zürich und Acapulco gewesen sein wollen und das nie so ganz glaubhaft machen können, wenigstens nicht vor einem, der auf seinen passionierten Nichtreisen wenigstens erlebt, daß seine Mitmenschen auf ihren Weltreisen so rein gar nichts erleben, was der Rede und des Reisens wert wäre. Also erlebe ich daheim doch etwas mehr als andere unterwegs.

Meine Reisen sind Lektüre von Reiseberichten aus der Feder von Leuten, die Geist genug haben, von der Stelle zu kommen, und das Reisegeld nicht besser nach Afrika spenden, statt damit dorthin zu fahren. Ich fühle mich im Leben zu sehr auf bloß flüchtiger Durchreise, um es lohnend zu finden, auch nur meine Koffer auszupacken und mich in der Welt allzu häuslich niederzulassen und breitzumachen. Erfahrungen machen Schriftsteller nicht auf Fahrten, sondern am Schreibtisch, schrieb Max Frisch, der zu viel reiste und das auch noch mondän.

»Wohin denn ich?« fragte Hölderlin. »Wohin anders als anderswohin?« antwortete Baudelaire. »All unser Unglück kommt daher, daß wir nicht ruhig in unserem Zimmer sitzen können«, wußte Pascal schon früher. Luft, Luft schreien wir und haben vergessen, den Gashahn selber aufgedreht zu haben, doch die Luft, die wir Erstickenden brauchen, sind wir füreinander.

Das moderne Lustprinzip ist weitgehend ein Reiselustprinzip, aber moderne Reiseberichte lassen philosophische Zweifel verstehen an der Existenz einer realen Außenwelt überhaupt. Wer kommt noch heraus aus sich und seinen Simulationen und Videologien? Eine Traumreise ist ein Traum von einer Reise. Eine Reise ist nicht überflüssig, weil uns sowieso überall diese US-amerikanische Welteinheitskultur empfängt, sondern weil wir ohnehin glauben, daß uns überall auf die gleiche Weise übel (mitgespielt) wird, daß uns Sehen und Hören vergeht und wir nur erfahren, was wir gar nicht erfahren wollten.

»Bildungsurlaub« ist keine Fortsetzung der alten Bildungsreise mit anderen Fortbewegungsmitteln, sondern ein Berufsfortbildungskursus, der anstrengender zu geraten pflegt als der durchschnittliche Berufsalltag. »Bildungsreisen« hießen früher nicht so, weil Ungebildete das nicht bleiben wollten, sondern weil nur Gebildete sie machten, als es noch welche gab.

Der Sinn des Reisens ist die Entdeckung, daß die Welt noch nicht halb so viel hält, wie sie nicht nur auf Reiseprospekten verspricht. Enttäuschend ist weniger die Welt als immer nur die erbitterte Weigerung der Reisenden zuzugeben, daß sie enttäuscht sind und daß sie weniger getäuscht wurden, als sich selber getäuscht haben, weil sie sonst gezwungen wären, mit der Verbesserung ihrer Welt endlich anzufangen, statt die unverbesserte Welt immerfort unverbesserlich zu bereisen. Wir sollen uns in der Welt frei bewegen, aber nur als Belohnung dafür, daß wir sie endlich in Bewegung setzen. Und sie bewegt sich doch, die Erde? Nein, irgendwo hatte die Kirche Recht gegen Galilei.

Niemand ist sterbenslangweiliger als Leute, die sich an ihren Reisezielen nicht zu Tode zu langweilen vermögen. Aber natürlich sind die Menschen verschieden, bevor sie verscheiden. Die einen fühlen sich nur unterwegs zu Hause; andere gewinnen ihre Beweglichkeit erst innerhalb der eigenen vier Wände, gegen die sie unentwegt laufen, oder gar im eigenen Bett. Der Wunsch, etwas Besonderes zu erleben, wird mehr als aufgewogen von der Angst, etwas zu erleben, das man gar nicht erleben möchte, und die Angst vor solchem Wunsch wird zum Wunsch nach dieser Angst und führt auch nicht weiter. Urlaub ist Beschädigung durch die Entschädigung für das ganze Lebensjahr.

Ich hänge im Urlaub daheim herum und mir vor die Tür ein Schild : Verreist. Die schönste Reise ist die nicht angetretene, weil der schlimmste Urlaub der ist, der schön zu sein hat. Wer von den Lesern immer noch glaubt, der Autor dieses Pasquills könne nur ein depressiver Freund pfahlbürgerlichster Reisemuffel sein, hat noch nicht begriffen, daß es nur besser und billiger ist, gleich zu Hause zu bleiben, statt bloß frisch als das blinde und taubstumme Rindviech zurückzukommen, das losgefahren ist. Wenn einer eine Reise tut, dem kann man etwas erzählen!

1794 beschrieb ein Xavier de Maistre seine "Reise um mein Zimmer", eine herrliche Parodie auf alle Reiseberichte. Der Autor ist mein Mann.

Gute Reise!

Von Arkadien zum Bücherparadies

Schiller warnt nicht nur vor leerer Entspannung, die realistische Erholung von Geschäften sucht, sondern auch vor schwärmerischer Überspannung, die sich utopistisch versteigt und volle Freiheit mit leerer Phantasie verwechselt. Real-existierende Idyllen-Idealität aber ist die Insel-Wunschlandschaft gutsortierter Bibliotheken und kein Agrar-Barbarismus brutalistischer Natursentimentalitäten.

Hegel höhnte, man wisse bei Geßners Idyllen nicht, ob sie mehr den Schafen oder den Schäfern zugute komme. Sie kommen nicht *nach* Hochtechnologie und Reformpolitik, sondern noch *vor* den Sozialutopien : In all ihrer Störanfälligkeit sind Idyllen doch schon selber jene Sozialkritik, die von ihrer Resignation fruchtbar unterlaufen und ausgespart wird. Haben sich arkadisch präzivilisatorische Naturidyllen nicht als elysisch postkulturell oft nur ausgegeben, wie bei Vossens „Luise“? Die relative Autarkie ist dann erkauft um den Preis realer Ohnmacht. *„Das mehr nur Pflückende und Hütende Arkadiens“* ist bei Vergil schon überwunden, doch bei Theokrit noch nicht.

Wir haben Vergils bukolische durch unsere bibliothekarische Idylle ersetzt und sublimiert : pastoral book of nature. Vielleicht hat ja schon Vergil seinen derberen Theokrit ebenso verfeinert. Der geistige Glücksraum der fröhlichen Gotteskinder ist keine geographische oder futurologische Kategorie mehr, aber noch immer ein Klassenbegriff des Bildungsprivilegs. Die moderne Idyllenfurcht ist berechtigter Haß auf Harmoniebetrug, und das goldene Zeitalter der Agrikultur war schon immer nur Ideologie. Das *Agrarkadien* sei sublimiert zum *Literarkadien* und nicht fortentwickelt zum *Atomarkadien.* Ich meine die idyllische Utopologie der platonischen Höhle, die poetische Dachkammer, der epikureische Schrebergarten oder die Denkerklause, die Rettung des *Idyllividuums* vor kollektivsten Zugriffen. Die erste rohe Natur ist zu wahrer menschlicher Natur erst zu bilden. Kunst ist kein Schöpfungsersatz, sondern selber göttliches Naturtalent. Das biblische Jenseits verbietet das idyllische Paradiesseits. Zielen Jesajas Verheißungen auch auf Bücherparadiese?

Aber es gibt die idyllisch ungestörtere Wahrnehmungsschule und Naturkunde. Vergils „Georgica" feierte ja die naturphilosophische Erkenntnis des Kosmos. Ich suche keine Einengung Arkadiens auf die Weite von Schäferweiden, aber die ackerflüchtige Ausweitung auf enge Gelehrtenstuben. Mich stören vor allem die schrecklichen Vereinfacher aller Komplexe. Der Großsoziologe Niklas Luhmann sah den Kern der Kultur gerade in dieser *Komplexitätsreduktionspotenz,* und derbe „Natürlichkeit“ floriert nie am Anfang, sondern immer in Spätzeiten, als

Reaktion auf erstarrte Überfeinerungen. Bloße Lesezeiten in Bibliotheksräumen und Geschichtswerken sind ja selber erstarrte Geschichtszeiten, wenigstens nomadisierende Gespräche ohne Ziegen- und ohne Zungenhüten.

Vielleicht sind es da auch platonische Dialoge von peripat(h)etischen Flaneuren, die Kreuzungen aus Nomaden und Pfahlbürgern sind, und der traditionelle Liederwettstreit der Idyllen ist ersetzt durch Ideenwettstreit. Das Heroische ist nur noch im Geisteshelden, und der Kriegsheld siegt in Polemiken. Schon für die romantische Sehnsucht war Geßner viel zu fade und Voß zu hausbacken. *Der zerbrochene Krug* fand in Kleist den Schuldigen und die *Idylle* bei Geßner das Unschuldslamm. Nicht die literarische Gattung macht ja das Idyllische, sondern die Denkweise und Lebensform. Geistiges Leben ist da erkauft durch versöhnliche Reduktion auf Spießermaß. Gibt Vischers *gemütliche Heimlichkeit* nicht doch nur erstickendes Behagen? Oder mikrologische Vollendungschancen? Die kapitalistische Ökonomie bedroht nicht nur dumpfe Öko-Nischen, sie fördert auch großstädtische Robinson-Inseln – voller Sehnsucht nach dem ruhigen Ende aller Sehnsucht.

Ist das im Grunde nicht nur Todessehnsucht? Es ist auch subjektives Glück im objektiven Unglück, also kosmische Totalität in proletaristischen Mikrologien.

Müssen wir verzichten auf etwas, das wir nie begehrt haben? Wir opfern keine Traumziele, sondern uns verschonen Schreckgespenster. Unsere Entsagung ist Entlastung, wenn wir Staat und Gesellschaft für das Buch der Natur und das Buch der Bücher leichten Herzens opfern. Aus der materiellen Not eine geistige Tugend machen? Die Welt ist böse, also halte ich mein kleines Herz und Haus ganz frei von Hass und Häme? Das moderne Anti-Idyll lebt doch von den Idyllen, aber umgekehrt auch unser Eidyllion von der Anti-Idyllik um uns herum. Idyllische Beschränkung (ver)blüht, und dämonische Verschlossenheit brütet.

Sogar Schopenhauers erzidyllische Triebphilosophie wollte sich nur eine „feuerfeste Kammer in der Hölle bauen". Nur ein „buddhistischer Paranoiker"?

Schiller konnte nicht mehr realisieren, was er an Kulturidyllen forderte, wenn uns Kultur zur zweiten Natur geworden ist. Das Anti-Idyllikum Tod kam ihm dazwischen, nicht seine Unfähigkeit, aber vielleicht die Unmöglichkeit, Realitäten harmonistisch umzulügen? Goethes Idyllik lockte *in die stillere Wohnung, – wo sich, nah der Natur, menschlich der Mensch noch erzieht.* Ob nun Altersruhe oder antike Kindheit der Menschheitsgeschichte oder der Infantilnarzißmus biographischer Vergangenheit : Das Welttheater reflektiert sich gern im Taschenspiegel. Jede Naturidylle ist von Geschichte und Gesellschaft bedroht, aber nicht von Geist und Kultur.

Auch der Spießer gibt seine kleine Welt als ideales Muster aus, wie das Genie. Aber sprich Horaz nach: Beatus ille, qui procul negotiis ... Exegi monumentum aere perennius … ganz aus Aphorismen.

Lasst uns einen Spaziergang machen zum erhöhten Aussichtsturm mit einem freien Blick auf Großstadt-Landschaften, Müll-Berge und Ab-Flüsse? Seien wir dankbar für den geschichtlichen Augenblick, der auch uns, für die das nicht überliefert wurde, die aufgespeicherten Schätze aller vorausgegangenen Generationen mitgenießen lässt. Aber wir wollen sie nicht nur in kurzer Lebenszeit verschwenden, sondern auch als Rohmaterial für höhere Veredelungsprodukte gebrauchen. Nutzen wir die Gunst der Stunde, bevor sich das Startfenster für unsere kleinen Himmelsraketen wieder schließt und Leuten wie uns die letzte Stunde schlägt. Die rechtmäßig ererbten Güter gegen Barbaren zu verteidigen, sind wir schon nicht mehr stark genug. Was wir hier schaffen, vertrauen wir irgendwann der Flaschenpost an, die wir in die Nordsee werfen. Mag die Vorsehung sie künftigen Geistesverwandten in Kopf und Hände spülen. Entsagung ist allerdings zu leicht, wenn sich das meiste versagt.

Apropos idyllische Elfenbeintürme

Das Leben der Theoretiker hat heute immer weniger Gegenstände, die nicht zu Objekten der Praxis gemacht werden sollen. Sozial-, Geistes-, Geschichts- und Wirtschaftswissenschaften sind ganz unmittelbar praktisch orientiert und motiviert. Recht und Moral, Ökonomie und Ökologie, überall ist von menschlichen Machenschaften die Rede. Mit den *harten* Naturwissenschaften steht es kaum anders. Physik, Chemie und Biologie samt ihren modernen Verzweigungen werden nicht um ihrer selbst willen gelehrt und betrieben, sondern Forschungsgelder fließen allein in Fragestellungen, die profitablere Resultate für die Wettbewerbsfähigkeit von Unternehmen erwarten lassen, in Technik und Industrien. Auch die *weichen* Kultur- und Geisteswissenschaften handeln nur überkompensatorisch von den „kommunikativen Handlungen" und zwischenmenschlichen Gefühlsschicksalen, bis hin zur abstrakten Musik. Kosmologen und Elementarteilchenforscher arbeiten allerdings zusammen, um nicht nur Atombomben oder Teflonbratpfannen abzuwerfen, sondern um grundlagenforsch die Struktur und Geschichte des Alls zu untersuchen, aber auch da droht militärischer Nutzen alles zu motivieren.

Zum Glück gibt es noch theoretische Physiker, die keine Drittmittel eintreiben, um E-Autos und Laserkanonen zu erfinden. Auch die reinen Mathematiker entwickeln nicht nur bessere Industrieproduktionsprogramme und Versicherungsmodelle. Die reinere mathematische Logik steckt nicht nur in den Schaltkreisen der Computertechnologiker, sondern treibt hoffentlich auch noch ein zweckfreies Spiel des Geistes mit seinen eigenen Möglichkeiten, ein unrentables Glasperlenspiel auf höchstem Niveau. Formallogisch Wahres und Naturschönes bilden arkadische Inseln im Meer der industriellen Produktionen und sozialen Optimierungstechniken. Der ganze Bereich der *vita activa*, der anthropogen sozialaktivistischen Eingriffe in grüne und menschliche Natur, sollte eigentlich nur noch aphoristisch distanziert werden, um nicht weiter vor- und aufdringlich zu bleiben. Die pure Meditation und Kontemplation des Kosmos und des reinen Geistes steht den geistreichen Reflexionen in satirischen Bonmots gegenüber, alles überdacht und zugleich fundiert vom heiligen Geist monotheistischer Religionen. *Gott ist Geist*, und im Geist soll das Geschöpf Ihn und Seine Schöpfung anbeten und verstehen, Geist, der im menschlichen Ebenbild geistreich wird und in Naturstrukturen sein herrliches Sinnbild hat. Im Anfang war das Wort, und das Wort wurde ein Bonmot?

Es folgen einige Literaturempfehlungen:

Albert Menne : „Einführung in die formale Logik“, Darmstadt 1985

Rudolf Carnap : „Symbolische Logik“, Wien 1960²

Willard van Orman Quine : „Grundzüge der Logik“, Frankfurt/Main 1974 (New York 1964)

Helmut J. Schneider : „Die Idyllen der Deutschen“, Frankfurt/Main 1978

Renate Böschenstein-Schäfer : „Idylle“, Stuttgart 1977²

Gunter E. Grimm (Hg.) : „Deutsche Naturlyrik“, Stuttgart 1995

Harald Fricke : „Aphorismus“, Stuttgart 1984

Fritz Schalk (Hg.) : „Die französischen Moralisten“, 2 Bände, München 1974

Robert Zimmer : „Die europäischen Moralisten“, Hamburg 1999

Friedemann Spicker : „Deutsche Aphorismen“, Stuttgart 2010

„Aphorismen der Weltliteratur“ , Stuttgart 1999
„Kurze Geschichte des deutschen Aphorismus“, Tübingen 2007

Lob des Altersstarrsinns

Seneszenz. Körperlicher Rückgang, biologischer Abbau, agitierte Passivität. Endphase von Abnutzung und Verschleiß, Schwächung, Schrumpfung, Verblödung, dementielle Immobilität und sklerotische Labilität. Inkontinenz, Impotenz, Demenz, Sinnesschwächen. Schlaganfälle, Herzinfarkte, Krebstumore …

Das praktische Defizit psychophysischer Defekte als theoretische Chance? Mit Genesis 25,8 und Hiob 42,17 *altersmild und lebenssatt* sterben? Altersweisheit als Jugendtorheit? Gewinnt das Alter durch leibliche Schwäche mehr Zeit für geistige Tatkraft? Sind Alter, Krankheit und Tod wirklich buddhistische „Götterboten“, die zur Nachdenklichkeit anhalten, oder kann auf altersschwachem Körper nur ein Schwachkopf sitzen? Alter macht aus der Not eine eigene Tugend und zieht sich aus weltlichem Treiben zurück in gelehrte Einsiedelei, vom Materiellen ins Spirituelle? Beginnt schon Besinnung, wenn die Begierden nicht mehr frustriert werden, sondern langsam nachlassen? Warum also über die Beschwerden eines Hochalters jammern, das man lebenslang nur zu gern erreichen wollte?

Was ist schwerer zu ertragen, das Zurückliegen des Lebens oder das Bevorstehen des Ablebens? Endet die totale sozialstaatliche Alterssicherung in Ver(bl)ödung, Verknöcherung und Vereinsamung? Zu bald zu alt : Der Alte als Geck, Geizhals oder Misanthrop? Heißt der Altersstarrsinn im Mannesalter prinzipientreue Standfestigkeit und im Alter die Flexibilität der Jugend nur fixer Wankelmut? Ist Leichenstarre *(Rigor mortis)* Altersstarrsinn?

Warum sollte jemand zum Ende seines Lebens nicht klüger geworden sein als in allen Jahren davor, besonnener, distanzierter, ja, auf- und abgeklärter? Warum soll er bis zum letzten Atemzug auf ebenso rastloser wie vergeblicher Suche geblieben sein, voll ergebnisoffener Zweifel, volatil unsicherer Vorläufigkeiten und vitalistischer Unfertigkeiten? Eine Suche ist so wenig ein Wert an sich wie eine Richtung. Der Sinn einer Wegrichtung ist ein Ziel. Der Sinn des Suchens ist das schließliche Finden eines Gesuchten oder eines Ungesuchten und die Beruhigung eines endlosen Fragens in einer zu Recht zufriedenzustellenden Antwort.

Die gefundenen Resultate dürfen ja gern halboffen bleiben für mögliche Revisionen, Meliorisierungen und Irritationen, aber wenn keine triftigen Infragestellungen mehr auftauchen sollten, müssen sie nicht um ihrer selbst willen an den Haaren herbeigezogen werden, um einen Schein von ewiger Lebendigkeit aufrecht zu erhalten. Wer zum Beschluss seines

Lebens ausreichend verlässliche und rational stets verfechtbare Geistespositionen errungen hat, darf guten intellektuellen Gewissens an ihnen festhalten, wenn weiter keine unvorhersehbar ernsten Gegenargumente sich mehr einstellen wollen. Nicht jede neumodische Quisquilie darf dann diese gewissenhafte Frucht lebenslanger Bemühungen mehr umstürzen können. Es müssen schon sehr gewichtige neue und bisher nie berücksichtigte Einwände sich anmelden, um noch einmal diesen schwierigen Prüfungsprozess füglich in Gang setzen zu dürfen. Warum soll der Altgewordene sich nicht ausruhen dürfen, weniger auf eitlen Lorbeeren als auf seinem abgesicherten Weltbild, seinen Grunderkenntnissen, (A-)Prioritäten, Normenkatalogen, Zwecksetzungen und verfeinerten Geschmacksurteilen? Wer nicht seine Fahne nach dem allerfrischesten Wind richtet, um mit den Jungen unreif zu bleiben, leidet noch nicht an Marasmus oder ist noch nicht scheintot.

Man hat sich dann von der Welt und seinem Leben nicht nur ein besonderes Bild gemacht, sondern auch einen allgemeinen Begriff, der mehr wert ist als jenes. *Cum grano salis* weiß man nun halbwegs, was von allem zu halten ist, wie es einzuordnen und zu bedienen ist, woher es kommt und worauf es hinausläuft, mit vorsichtigem geistigem Vorbehalt, aber ohne den zappligen Zickzackkurs der Jüngeren, ihre naive Dauersehnsucht, verabsolutierten Teilwahrheiten und voreiligen Etappenendgültigkeiten. Die Chance des gelingenden Alters ist die belastbare

Theory of everything, der kühle *view from nowhere* auf das Gestöber und Gemetzel um einen herum, über allen Perspektivwahrheiten und pragmatischen Reduktionen. Das Alter wird „mikrologisch" und dogmatisch, der sturköpfige Kleinkrämer erwartet uns am Ende, heißt es. Starre Dogmen starrsinniger Greise. Nicht nur kirchliche Dogmen, Chesterton hat daran erinnert, sind aber keine verknöcherten Vorurteile, sondern eher leuchtend klar verdichtete Überzeugungen und Beweisgänge, komprimiert auf übersichtlich handliche Formeln. Dogmen sind doch wenigstens bestreitbar klar formuliert, anders als die heute gängigen, modisch windelweichen Meinungslaunen, anders als die schwammig laxe, *tolerante* Unfähigkeit, sich festzulegen und das Begründbare gut zu verteidigen gegen entschieden kompetente Angriffswellen. Ein Lehrer, der nicht dogmatisch ist, ist nur ein Lehrer, der nicht lehrt – lehrte Pater-Brown-Erfinder Gilbert Keith Chesterton.
Wollen nicht selbst forsche Forscher zu gesicherten Endergebnissen kommen, zu unerschütterlichen Erkenntnissen, zu haltbaren Theorien, ewig gültigen Gesetzen? Werden stets mit jungbewegten Mitteln nur greisenhafte Ziele angesteuert? Kommt mit dem Alter aus Ansichten und Absichten endlich die begründete Aussicht auf Einsicht und Übersicht? Der Greis liegt noch nicht, er steht wie eine Eins, geht langsam und gibt nicht jedem Windstoß nach.

Wie bleibt der (denk)würdige Greis so geschmeidig jung wie möglich, ohne gleich ein Narr zu werden?

Emanuel Wertheimer schrieb : „Geist ist die Jugend des Alters.“ Also wäre ein Aphoristiker der ideale Graukopf und umgekehrt ein menschenwürdiger Greis der bessere Sprüchemacher am Ende?

Das Bonmot ist der Königsweg, dem Tod elegant auszuweichen – für seine kurze Weile. Für Längeres fehlt schon die Lebenszeit, aber auch die Geduld. Um Aperçus zu finden, muss man genug wissen und alt genug sein, doch nicht so alt, mit seiner *Altersweisheit* kein leichtbewegtes Spiel mehr zu treiben. Wer anders als der Alte kann das sattsam Allzugewisse und Vielgewendete noch einmal probeweise wieder aufs Spiel setzen, übermütig leichtsinnig mit den gesichertsten Beständen wie mit bunten Bällen jonglieren, gleich einem Gaukler, und unerwartete Funken aus ihnen schlagen, von überlegener Warte eines Aussichtsturms aus. Eine Verbindung von Biegsamkeit und Starrköpfigkeit macht das geistige Tänzchen mit eigenen und fremden Festbegriffen erst wirklich möglich, wenn genug inneres Spielmaterial und Glasperlenberge aufgehäuft sind und konsolidiert in den endlosen Gängen der Privatarchive lagern, bereit für die aberwitzigsten Querkombinationen zwischen einander fernliegendsten Teilbereichen. Der lebendigste Verkehr zwischen den toten Speicherräumen des inneren Imperiums kann beginnen, genug Masse ist endlich verfügbar, sauber abgeheftet. Dieser tote Besitz erwacht zum geistigen Leben und lädt Interessenten ein, sich am Wechselspiel mit zu erfreuen. Alles ist schon fix und fertig – zum letzten Spiel mit allem. Ist das der mögliche Sinn eines langen Lebens oder Unsinn? Gebrechlich, verbraucht, pflegebedürftig, intolerant, verhärmt, verbittert : eigenbrötlerische Sozialleiche? Jean Améry sah 1968 das totale Scheitern des Alters nur hinter Illusionen von *mauvaise foi* gut versteckt. Unentwegt Alterskreative seien nur Ausnahmen, die die schwarze Regel bestätigen: Resignation überlebe klarsichtig die Revolte. „Das Alter ist ein Massaker" *(Philip Roth)* und nicht nur ein „Gebirge" *(Martin Walser*). Und de Beauvoirs sozialistische Hoffnung auf „La vieillesse" (1970) in Würde, war sie nicht ebenso trügerisch wie auf „Le deuxième sexe" (1949) ohne Kinder in Büros und Fabrikhallen?

„Im Alter ist Unabhängigkeit eine Art Sklaverei."
(Casanova, Memoiren 18)

„Es ist immer erbaulich, sich zu überzeugen:
dass im hohen Alter die verständige Vernunft,
oder, wenn man will, der vernünftige Verstand
sich als Stellvertreter der Sinne legitimieren darf."
(Goethe an Zelter, 16. 12. 1829)

„Die Wissenschaft ist ein Produkt des gereiften Alters." *(Francesco de Sanctis)*
„Alte Leute haben keinen Respekt andern gegenüber, sie kennen das Leben." *(J. Bobrowski, Idylle)*
„Das Leben wird gegen Abend, wie die Träume gegen Morgen, immer klarer."
(Karl Julius Weber, Demokritos)

Das Unikum und seine Unikate

Die meisten Intellektuellen, die sich heute Außenseiter nennen oder für Außenseiter angesehen werden, sind gar keine. Als Außenseiter sind sie ja Insider, als *outcasts* sind sie *in*, als prächtige Originale sind sie integriert ins große Ganze, das sich seine tolerante Liberalität so einmal mehr bewiesen hat, daß es den krassen Outsider nicht ausgrenzt. Und die Übrigen sind nicht ausgeschlossen, weil sie genialisch in kein Team passen würden, sondern weil ihr Beitrag die qualitative Mindestnorm formell und inhaltlich nicht erfüllt. Der traurige Rest, der in keine der vorgesehenen Branchensparten gehört und nicht einmal für alle die Rolle des abschreckenden Beispiels spielen will, wie man es nicht machen soll und wohin das führt, der ist wirklich „außen vor", gibt auf oder wird wirklich langsam so absonderlich, wie er eingestuft ist, als *Sonderling*.

Ein „Geistes-Arbeiter", der weder Kultur- noch Lehramts- noch Parteikarriere macht, ist völlig isoliert in jeder Gesellschaftsklasse. Wenn der Plebejer seine Herkunftsklasse nicht verraten und bürgerlich nicht reüssieren will, wenn er Sozialist weder innerhalb noch außerhalb der Partei sein will, wird die Luft um ihn herum immer dünner.

Vielleicht hat er sich einige Semester lang ziellos auf einer Universität herumgetrieben, ohne dort auf einen Beruf hin zu studieren. Niemand weiß etwas mit ihm anzufangen, am wenigsten er selbst.

Er hat keinen richtigen „Stallgeruch“, er hat schon nicht das richtige Gymnasium besucht, er gehört zu keiner Seilschaft. Er ist ein komischer Kauz und komischer Heiliger, eine peinliche Erscheinung, ein Spinner und "Spökenkieker". Unverdrossen überschwemmt er die Verlagslektorate und Zeitschriftenredaktionen mit seinem hirnverbrannten Blödsinn auf Aberhunderten von Schreibmaschinenseiten, die ungelesen zurückgeschickt werden, wenn sie nicht in den Müllkorb wandern. Wenn er nicht wirklich der Irre geworden ist, als der er gehandelt wird, verdankt er das der Tatsache, dass er sich nicht schon deshalb für ein verkanntes Genie hält, weil niemand ihn will. Und diesen Rest an Verstand verdankt er wiederum seiner Frau, die ihn immer wieder auf den Topf setzt, wenn er sich zu verrennen droht. „Große Männer“ sind häufig zu Lebzeiten verkannt, aber nicht jeder Übersehene ist deshalb schon ein großer Mann.

Angenommen, er folgt nicht gutgemeinten Ratschlägen und gibt nicht auf, sondern macht auf eigene Faust und Kosten weiter, ohne Stallgeruch und Seilschaft, ohne alle nützliche Beziehungen und gute Referenzen, ein Nichts und Niemand, eine einzige lächerliche Prätention. Wenn der proletarische Schriftsteller nicht für die eigene häusliche Schublade schreiben will, sind seine Manuskripte nichts als Bumerangs, die unverrichteter Dinge an den Kopf zurückfliegen, aus dem sie kommen.

Wirklich parteilich engagiert ist einer, der Partei ergreift gegen die Partei. Wirklich gefürchteter Außenseiter ist der Abtrünnige der eigenen Partei, ist nicht der engagierte Parteigänger, sondern der degagierte Einzelgänger. Der Hass der Herrschenden, Ludwig Marcuse hat es gespürt, richtet sich auf das, wohin niemand will : auf den Elfenbeinturm. Er ist die wahre Festung gegen die Belagerer unserer Zeit. Das verdächtige Individuum, das zweifelhafte Subjekt, weder gesellschaftlich noch gegengesellschaftlich zu fassen, weder kulturell noch gegenkulturell eingemeindet und mobilisiert weder von Bewegungen noch von Gegenbewegungen, ist die geheime Zielscheibe aller Mächtigen.

Dein Hals ist wie ein Turm aus Elfenbein, heißt es im Hohelied Salomonis von der Geliebten. Der proletarische Philosoph sitzt im Elfenbeinturm der Sophie oder in seiner Tinte.

Von Mönchen, Memmen und alten Menschen

„Wir bringen unsere Jahre zu wie ein Geschwätz."
(Psalm 90, 9)

Als Schlimmstes gleich nach Tod und Folter, nach Hunger und Durst, gilt die spätere Verkalkung, das biblische Hochalter mit Stillstand, Greisenstarrsinn und Rückzug. Das „Defizitmodell des Alters" besagt ja : Man wird dümmer, düsterer, unbeweglicher, knauseriger, hartherziger, gangunsicher, inkontinent, impotenter, verknöcherter, „dem Grabe zu gebeugt", „wie tot und der Welt entrückt". Cicero sieht in seiner Schrift über Cato den Greis dagegen ruhiger, gelassener, besonnener und nun vom materiellen ins spirituelle Leben potenziell fortgeschritten.

Die allgemeine Verachtung gilt neben dem Greis auch einem Feigling. Der eine ist notgedrungen ein Eskapist und der andere ohne Not? Warum gibt es eigentlich keine literarische Ehrenrettung für den Angsthasen, ja, ein (wenn auch ironisches) Panegyrikon auf den Hasenfuß, den Duckmäuser, der sich bei jeder Gelegenheit in die Büsche schlägt und *verdünnisiert*. Jeder geht dem aus dem Wege, der allen und allem zu gern aus dem Wege geht.

Niemand wagt es, Verständnis für ihn zu haben und sein Loblied zu singen wie Erasmus auf die Torheit in seinem hinreißenden „Enkomion moriae" (1509). Heidegger hat die Angst philosophisch aufgewertet, aber nicht die Ängstlichen, Mutlosen, Verkrochenen und notorischen Drückeberger. Ganz im Gegenteil.

Wer wagt es, sie endlich anzuerkennen und wertzuschätzen? Greise und Hosenscheißer sind tabu wie die geisteskranken Depressiven, auch die spinnerten Sonderlinge, weltfremden Originale, verstiegensten *Nerds*, die überspanntesten Sektierer, verschrobenen Pedanten und auch komischen Heiligen. Versager mit gesellschaftlich recht unnützen Spezialtalenten kommen in der sozialen Rangfolge gleich nach den Verbrechern. Warum eigentlich? Oder sind hemdsärmelige Optimisten zu phantasielos, um begründete Ängste zu haben? Als pulverscheue Weicheier und als kneifende Jämmerlinge gelten heute auch asketische Mönche, Eremiten und Refusen, Wüstenväter und Waldbrüder, ja, schon stille Gelehrte in ihren Denkerklausen. Immerhin hat man nun die Vorzüge ihres „lifestyle of voluntary simplicity" (LOVOS) erkannt, um ihn nur in den Dienst einer rentableren *work-life-balance* zu stellen, ohne aber gleich die disziplinierten Mühen eines geistigen oder eines gar geistlichen Lebens auf sich nehmen zu wollen.

Das einfache Leben in freier Natur mag 1939 ein konservativer Ernst Wiechert besungen haben gegen konkurrenzkapitalistische Statussymbole eines *mo-*

dern way of life, aber der Ökologismus alternativer Nachhaltigkeit ist seine zeitgenössischere Spielart.

Strikte Konsumeinschränkung auf das Notwendige, Ressourcenschonung, Abfallvermeidung und Recyclingwirtschaft, Energieeinsparung, die Reduzierung des eigenen grünen Fußabdrucks und eine radikale Reduktion der *gesellschaftlich notwendigen* Erwerbsarbeitszeit – alles das wäre ja gratis in den Erfordernissen eines allgemeinen *geistigen Lebens* in Künsten und Wissenschaften mühelos mit impliziert. Nietzsches *Zarathustra* wollte die spirituelle Leere nicht länger durch einen materialistischen Nihilismus kompensieren. Heutzutage werden Alte immer dynamischer, aktiver, sportlicher, kregler, fitter und aufgekratzter – aber nur für den Tod, nicht für ein Leben in Lesen und Denken, Saus und Braus.

Das Leben nimmt uns einen Tag nur, um uns einen zu geben – bis es uns eines Tages alle Tage nimmt.

Heute werden uns die Sünden nicht mehr vergeben, sondern ausgeredet.

Vorsicht Satire : „Wer was kann, tut es; wer nichts kann, lehrt es.“

Der >Neue Schullehrer< ist dadurch Pauker, daß er keiner sein will. Seine Autorität übt er aus, indem er sie vor seinen Schülern, vor deren Eltern und vor sich selbst sorgfältig verbirgt – indem er verbirgt, sie davor zu verbergen. Natürlich stellt er sich stets auf die Seite seiner Erziehungsbefohlenen gegen deren Eltern und seine eigene Schulbehörde. Er will sie nicht autoritär erziehen, d.h. er unterwirft sich blind der Autorität seiner Schüler und deren Dummheit. Dafür strafen ihn die Schüler mit Verachtung. Er ist Lehrer und einer seiner Schüler zugleich. Ununterbrochen entläßt er andere Menschen in ein Leben, in das er selbst nie eingetreten ist – sofern er Lehrer wurde, um die Schule nie verlassen zu müssen. Er wurde darauf vorbereitet, Menschen auf ein Leben vorzubereiten, das er selbst gar nicht kennengelernt hat. Entweder genießt er es, Abhängige unter sich zu wissen oder selbst einer von ihnen zu sein. Er ist nicht nur abhängig von seinen Vorgesetzten, sondern auch von den Abhängigen, die vor ihm sitzen. Pädagoge ist er geworden, weil er den Konkurrenzkampf und das Leistungsprinzip der freien Marktwirtschaft fürchtet. Er verwahrlost die Jugend, aber das tut er progressiv. Der alternative Anti-Pädagoge macht das kleine Klassenzimmer zu einem Hort der Klassenkampflosigkeit und der Freiheit von Wettbewerb und Spitzenleistung. Begabte Kinder sind undemokratische Egoisten und stören nur den Gemeinschaftsgeist, dem sie zu opfern sind. Der Lehrer weiß nichts, also nicht mehr als seine Schüler. Er ist nur einer unter ihnen, also steht er noch unter ihnen und ist stolz darauf. In seinen vier Schulwänden wenigstens soll das klassenlose Klassenzimmer als freier Kinderspielraum ja verwirklicht sein, die schon vorweggenommene klassenlose Miniaturgesellschaft. Leistet er seine volle Pflichtstundenzahl ab, geht er zum Mittagessen bereits wieder nach Hause und seinen Hobbies nach. Um nicht die Kinder totzuschlagen, schlägt er dort die Zeit tot.

Vom Mittagessen erholt er sich durch langen Mittagsschlaf, um dem Vormittagsstreß seiner pädagogischen Erfolglosigkeit nicht zu erliegen. Danach geht er der berufsspezifischen Gewohnheit nach, Kaffee zu trinken, spazieren zu gehen, im biodynamischen Wildwuchsgarten herumzupusseln und Tischtennis mit den eigenen Kindern zu spielen. Mehr als Halbtagsarbeit hätte er, wenn er seine Nachmittage wirklich mit jenen Konferenzen und Korrekturarbeiten zubrächte, über die er gewerbsmäßig stöhnt, nicht weil er sie ableistet, sondern weil er sie eigentlich ableisten müßte. Kurzum: Er ist der Schüler seiner Schüler, die die Lehrer ihres Lehrers sind. Seine Rehabilitierungskuren ersetzen die Fortbildungskurse. Da er jeden Morgen unvorbereitet in das geht, was er seinen Unterricht nennt, fühlt er sich permanent überlastet durch Arbeiten, die eigentlich zu tun wären, d.h. sein Berufsleben ist ein einziger legaler Bummelstreik. Was ihn drückt, ist nicht das schlechte Gewissen, sondern höchstens die Last der Arbeit, vor sich selbst und vor der Bevölkerung, der er Rechenschaft schuldet, einen halbwegs überarbeiteten und unterbezahlten Eindruck zu machen. Nur ganze vier Prozent aller Pädagogen erreichen das volle Rentenalter, 96 Prozent flüchten sich rechtzeitig in die Schulunfähigkeit, die sie ja von Anfang an hatten. Zwanzig Wochenstunden lang kämpft seine unrationelle Schussligkeit nun gegen die Vierzigstundenwoche, die der Lehrer hätte, käme er seinen Pflichten wirklich nach, statt ungestraft überbezahlte Halbtagsarbeit zu leisten. Worin besteht seine Arbeit? Er arbeitet mit Kindern vermeintliche Defizite auf, die meist eher seine eigenen sind.

Von der Bevölkerung, d. h. von der Presse, vom Volksmund, von den Eltern seiner Zöglinge, fühlt er sich ewig verkannt als Edelpenner mit 80 Ferientagen im Jahr. Der exzeptionelle Schwierigkeitsgrad seines Berufs soll darin bestehen, als Erwachsener mit Jugendlichen zu arbeiten statt wie andere Erwachsene mit Erwachsenen oder am toten Material. Und an den Nerven zerrt seine Tätigkeit nicht etwa deshalb so unverhältnismäßig, weil er für seinen Beruf eigentlich gar nicht geeignet ist, sondern weil ... aber da höre man ihn lieber selbst. 80 Prozent aller Lehrkräfte haben nicht erst im Amt ihre Nerven verloren, sondern schon aus neurotischen Gründen diesen Job gewählt, vermuten Kenner. Zu einer ernsten Beschäftigung mit den Fächern, die sie unterrichten, hat es nie gereicht, aus Mangel an Talent und Neigung. Wer von Anfang bis Ende des Studiums, vorher wie nachher, nie so recht wußte, was er im Leben werden sollte, wurde aus Angst vor der marktfreien Wirtschaft eben Schullehrer, der leider kein Einpauker mehr ist. So braucht er nie mehr zu lernen, als er ohnehin schon weiß und aus der eigenen Schulzeit mitbringt. Staunend darf er im Dienst entdecken, daß es fast noch Dümmere gibt als ihn und Menschen, die es noch weniger interessiert als ihn selbst, was er ihnen vermitteln muß. Eine Zeitlang wundert er sich noch, seine Schüler nicht stärker >motivieren< zu können, als er selbst motiviert ist, nämlich gar nicht. Aber der Lehrer wird dafür bezahlt, sein Schüler nicht. Betroffen macht nur, daß er Schüler von allem möglichen Unsinn >betroffen< machen will. Die >Betroffenheitspädagogik< sucht ständig neuartige Tricks, um Heranwachsende für etwas zu interessieren, was entweder völlig uninteressant ist oder diesen Lehrer genauso wenig interessiert. Den Lehrer interessiert nur, daß Schüler sich dafür gefälligst zu interessieren haben. Er fordert ständig kleinere und teurere Schulklassen und noch weniger Unterrichtsstunden, um dem einzelnen Schüler – und nicht etwa sich selbst – gerechter zu werden.

Braucht er mehr Zeit und Geld und Schlaf für sich selbst weil für seine Zöglinge oder umgekehrt? Konferenzen, Verwaltungsaufwand, Elternabende, Korrekturarbeiten, die Unterrichtsvorbereitung und -nachbereitung, Referendarsausbildung, lediglich Überforderungen zerren da an ihm, seine 60-Stundenwoche ist ein einziger Skandal. Eine 30-Stundenwoche hätte er bei souverän rationeller Organisation seiner Arbeit, an der seine neurotische Faulheit ihn hindert, die er dann auf der psychotherapeutischen Couch auch eher auslebt als behebt. Natürlich passiert ihm überhaupt nichts, wenn er wie üblich gar nichts tut. Niemand guckt ihm über die Schulter und kontrolliert die Qualität seiner Arbeit; er kann tun und lassen, was er will, innerhalb seines Klassenzimmers souveräner als ein König. Um die Schüler nicht sexuell zu verführen, unterläßt er es, sie auch nur intellektuell zu verführen. Er wird dafür überbezahlt, seine vielen Macken an den wehrlosen Schülern ungestraft austoben zu dürfen. Kritik an ihm ist entweder konstruktiv, also gar keine, oder nur ein neidisches Vorurteil der üblen Nachrede. Und wenn er zufällig einmal stolz darauf sein kann, kein Tyrann zu sein, benutzt er seine Machtvollkommenheit eben nur dazu, sie nicht immer zu benutzen. Will man ihm glauben, ist er ein Vorkämpfer. Während diese Arbeitnehmer draußen in der sogenannten Wirtschaft vergeblich gegen die Massenarbeitslosigkeit um die 35-Stundenwoche kämpfen, hat der Lehrer auf eigene Faust in aller Zivilcourage immer schon die 25-

Stundenwoche für sich erbummelt. Deshalb ist er immer geschafft und ausgepumpt und bedient, also echt kaputt, du! Täglich einen ganzen Vormittag lang als unfertiger Mensch vor unfertigen Menschen stehen, das macht schon fix und fertig und nicht erwachsener. Befeuert vom pädagogischen Eros, arbeitet dieser ungewordene Mensch an werdenden Menschen, die er ins sogenannte Leben entläßt, um nicht selbst dorthin zu müssen. Einer zarten >Pädophilie< wird kaum noch ein Pädagoge überführt oder auch nur verdächtigt. Liebe zum Lernenden ist ein Fremdwort. Der moderne Lehrer ist anti-autoritär, er weiß und kann nicht mehr als seine Opfer. Gegen die Autorität ihrer Ignoranz ist er machtlos, und erst wenn er mindestens so kindisch ist wie sie, strengt der Unterricht nicht mehr an. Für der Weisheit letzten Schluß hinter vorgehaltener Hand gilt inzwischen, sich von Schülern nicht mehr ausnutzen und auf der Nase herumtanzen zu lassen, also die Rückkehr zur bequemen Paukschule mit linken Parolen gefällig zu verbrämen. Mit dem Walkman im Ohr steht er inmitten seiner Fellows als jeansgezwängter Anbiedermann und Unwichtigtuer, mit fettdickerem Bauch und lichtem Haar der einzige Jungbewegte unter so vielen frühvergreisten Kids. Die Stunden werden damit verbracht, die Comic-Hefte zu besprechen, die sie mitbringen, und Techno-Musikdisketten auf ihre Botschaft hin zu analysieren. Er bietet seinen Pfleglingen keine Angriffsfläche mehr, gerade dafür wird er angegriffen, und man wundert sich, daß er sich darüber wundert. In jedem neuen Schuljahr erprobt er eine alternative Pädagogik, um die Schattenseiten der gestrigen durch die Nachteile der morgigen zu kompensieren, bis die Frühpension amtsärztlich bewilligt ist. Nachts träumt er von den sozialen Bedingungen der Möglichkeit antipädagogischer Kindesentfesselung, also von seiner eigenen Emanzipation von fast allen Emanzipationsbedingungen. Legt er nun etwa als Deutschlehrer doch noch Wert auf ein Mindestniveau, macht er aus der Not, die Mindestqualifikationen bürgerlichen Rollenverhaltens nie ganz gelernt zu haben, die zweifelhafte Tugend, seine viel lebenskundigeren Schüler mit dem armen Kafka zu traktieren, um auch mal ganz up to date zu sein. Am Ende ist er so sehr einer der ihren, daß er ihnen mit Erfolg nichts mehr beibringen kann, weder Kenntnisse noch Flötentöne. Zum Glück sind die meisten Jugendlichen robust genug, es später im Leben doch zu etwas zu bringen, trotz der Schule und nicht dank der Schule. Sie lernen es, ihre geübten Schwächen in Kopfrechnen und in Rechtschreibung als Stärken zu verkaufen. Die »mündliche Sprechkompetenz«, die gesammelte Sachinkompetenz vor allen Ko-Ignoranten frei und ungeniert offen zu vertreten, wird ja im modernen Anti-Unterricht mit und ohne Kafka gründlich erworben, d.h. der Stolz darauf, von nichts eine Ahnung zu haben, also die nun als >Umwelterziehung< getarnte Verachtung derer, die zwei linke Hände haben, für bloße >Kopfwichser<.

Im Wein, sagt der Volksmund, steckt Wahrheit, wie sie Kindermund spricht, aber niemand wird sie soweit verdrehen zu sagen, daß sie aus dem Mund eines betrunkenen Kindes kommt. Ist der Kluge immer der Dumme? Fragt man ein Schulkind, wen es für den verächtlichsten Menschen der Welt hält, wird es häufiger den Primus seiner Schulklasse nennen als seinen Klassenlehrer selbst, dem der Primus als einziger Schüler besonders unkritisch zu folgen und zu gefallen sucht durch gute Noten und gutes Betragen. Jeder weiß, daß der Musterschüler nicht nur unter Mitschülern und Gegenschülern, sondern auch unter eigenen wie fremden Eltern, also unter allen ehemaligen Schülern eine sehr viel schlechtere Presse hat als der Klassen-Esel oder der schlimmste Klassenrüpel, unter dem alle leiden, ohne sich wehren zu können. Gegen leise Musterschüler kann man sich wehren, indem man sie verachtet und sich ihrer Überlegenheit für überlegen hält. Nur auf den ersten Blick ist es am verwunderlichsten, daß vor allem der Lehrer, obwohl der dämliche Flegel seiner Bequemlichkeit ja doch am wenigsten schmeichelt, diesen viel tiefer respektiert als dessen positiven Antipoden.

Das wird mehr als deutlich an der Geste, mit der ein Lehrer auf der Schulabschlussfeier, die alle Schulinsassen ins sogenannte Leben entläßt, beim großen Besäufnis sich eher verbrüdert mit dem Klassenrowdy, der ihn dauernd zur Weißglut brachte, als mit dem Klassenprimus, der ihm dauernd nach dem Munde redete und anders als der Lehrer selbst die übermittelten Werte und Worte beschämend ernst zu nehmen wagte. Der Lehrer, wenn er wie üblich keiner von beiden war, sondern im breiten Mittelfeld mitrannte, wäre als Schüler, hätte er wählen müssen, selbst lieber der rüpelige Rebell als der blasse Streber gewesen. Wir lernen in der Schule, daß wir nicht für die Schule lernen, sondern für das Leben, und der wilde Klassenletzte, scheint es, lernt so wenig für die Schule wie der Klassenerste für das Leben. Seltsam doppelte Buchführung : Der offiziell Respektabelste bei Jung und Alt ist der insgeheim Verächtlichste, während der öffentlich Verdammteste der geheime Held aller ist.

Offiziell wäre jeder allzu gern der Stubenhocker mit den vielen Einsen im Zeugnis, den er haßt, und insgeheim wäre jeder lieber der berüchtigte doofe Kotzbrocken – auch und gerade, wer es am wenigstens zugeben darf, der Lehrer selbst. Tief innen, wenn niemand zusieht und zuhört, glaubt fast jeder, daß die Note Sechs im Leben der Schule nichts ist als eine Eins in der Schule des Lebens und umgekehrt, so daß das Ressentiment der nur schwach Ankultivierten gegen die lebensuntüchtige Weltfremdheit der bebrillten Büchernarren als geprüftes Urteil firmieren darf. Kurzum : Ein Schulwissen, das später nie zu sozialen Privilegien führt, gilt immer als Hochform der Dummheit, aber soziales Prestige muß umgekehrt gar nicht kulturell legitimiert sein.

Der Durchschnittspädagoge hält selbst so wenig von dem, was er lehrt oder wenigstens lehren sollte, daß er einen Schüler, der alle Maßstäbe der Schule an Leistung und Auftreten erfüllt, nur verachten kann. Seine Verachtung weiß er nur in den Dank zu hüllen, daß dieses Exemplar seine Nerven am meisten geschont hat und eben trotz aller pädagogischen Bemühungen etwas gelernt hat und geworden ist, was der Lehrer sich dann ganz zu Unrecht, als Entschädigung für diese Beleidigung, auf sein Konto zu schreiben wagt.

Wenigstens ist das alles so oder so ähnlich zu der Zeit gewesen, als meine Altersgenossen noch Schüler waren. Angeblich hat sich das inzwischen alles zum Besseren in sein Gegenteil verkehrt, seit die Lehrer in dem lobenswerten Bemühen, die Kluft zwischen Schule und Leben schon auf der Schule weitgehend zu schließen, nicht mehr den als falsch durchschauten Ehrgeiz haben, ihre Anbefohlenen im Klassenzimmer ein bißchen von dem wieder vergessen zu lassen, was sie in Filmen, Discos, Comics und Websites heute lernen müssen vom Leben. Lehrer, Schüler, Eltern und Kultusbehörden sind sich längst einig im zeitgemäßen Urteil, daß Latein und Griechisch ihren verdienten Tod an den Schulen nicht überleben sollten, und daß Mathematik sehr leicht zur geistigen Onanie verleite, wie die exakte Naturwissenschaft der Hauptschuldige sei an der industriellen Dauerschändung der jungfräulich reinen Mutter Natur. Ich weiß nicht, ob die Befreiung des Schülers in der Schule von der Schule inzwischen erfolgreich abgeschlossen werden konnte, d.h. ob der Klassenletzte von früher heute offiziell der Klassenbeste sein darf, der er inoffiziell immer schon war, und der alte Primus inzwischen ein unnützer Vollidiot ist, weil das Buchwissen nur beim Überleben stört. Als ich viele Jahre nach der Aushändigung des Reifezeugnisses ehemaligen Mitschülern im „wirklichen Leben" draußen zufällig wiederbegegnete, um zu sehen, ob die unter vielen Opfern in sie investierten Erwartungen sich in Karrieren und Lebensglück amortisiert hatten, war das eine denkwürdige Entdeckung, die der Rede wert ist. Aus den aufmüpfigen Rabauken von ehedem, die sich nur durch Grunzlaute und Faustschläge miteinander zu verständigen pflegten und denen die Muttersprache immer jene exotische Fremdsprache geblieben ist, die sie an Gastarbeitern als grobes Assimilationshindernis verurteilten, und die immer lieber mit Rauf- und Saufkumpanen als mit Zahlen gerechnet hatten, aus diesen dümmlich rülpsenden Schnöseln von damals waren die Spießbürger und konformistischen Musterschüler des Lebens geworden, während die am wenigsten Kompromissbereiten von heute früher einmal die ewigen Streber und Mucker gewesen waren. Es bleibt unklar, welches Licht damit geworfen ist auf das geheime Wunschziel jeder Lehrkraft, eher ganze Kerle als hasenherzige Mimosen zu produzieren.

Man könnte sagen, daß die Fähigkeit, die deutschen Kaiser und Könige vorwärts und rückwärts aufzusagen, noch keine besondere Befähigung zur Führung von Konzernen andeutete. Man könnte daraus mit ähnlicher Berechtigung aber auch lernen, daß jemand, der als Schüler so blöd war, Schiller zu lieben und auswendig zu lernen, später schlau genug zu sein droht, weder Fließbandarbeiter noch Fließbandaufseher zu werden oder die künftigen Deutschlehrer herzustellen.

Daß über Beamte zu viele Vorurteile kursieren, ist das größte Vorurteil. Haben sie ihre totale Daseinsfürsorge noch zu bezahlen mit Streikverbot und Niedrigbezügen? Sie gehen für alles auf die Straße, ohne je auf der Straße zu liegen. Sie demonstrieren gegen alles, nur nie gegen ihre Privilegien. Ist die deutsche Demokratie eine geheime Berufsbeamtenoligarchie?

Beamtentum 2000 ist Feudalismus 2000, Staatsdiener sind die wahren Edelleute von heute, 1789 ist lange her. Statt sich z. B. auf eigene Kosten eigene Sanatorien zu bauen, nutzen sie öffentliche Krankenhäuser kostenlos mit. (Das klassenlose Krankenhaus ist die Krankheit, für deren Sanierung es sich hält.)

Von der Aufklärung zum Idealismus

Salomon Maimon entlarvte Kant als inkonsequenten Leibnizianer. Aber auch Leibniz selbst war für Maimon kein konsequenter Leibnizianer, sofern er Monadologe war. Kants Ding-an-sich wie Leibnizens Monade sind gar keine *Differentiale des Bewußtseins*, sondern infinitesimal auf halbem Wege stehengeblieben, also nicht ihrerseits als Integrale von Dividuen dargestellt. Ausgerechnet der unmathematische Fichte führte den Idealismus infinitesimal zu Ende, sofern das Ich sich als unendlich teilbar ein unendlich teilbares Nicht-Ich gegenüberstellt. Schopenhauer ging nur bis zum menschlichen Individuum, bis zu den letzten Blättern eines Baumes und nicht bis zu dessen Atomen. Nach Maimon hatte Kant nur mathematische Objekte wie Standpunkte, Kurven, Kreise, Kugeln, Oberflächen, Dreiecksschenkel und Spielräume konstruiert, wo er reale Dinge zu erfahren glaubte : Wir stoßen auf die von uns selbst konstruierten Objekte wie auf eine reale Außenwelt u. u. Molière zeigte uns als Objekte der von uns selbst geschaffenen Welt zappeln, und für Leibniz ist der Mensch eine automatische Gliederpuppe in barocker Aktion. Maimon sah nicht erst die Welt als Idee, sondern schon jedes ihrer Objekte : als nie objektiv komplett gegebenes Ganzes unabschließbarer Bestimmungen. Definitio fit per genus proximum et differentiam specificam ad infinitum.

Individuell und infinitesimal sind äquivok. Das Subjekt, das auch ohne Prädikat sein kann, und das Prädikat, das nie ohne Subjekt sein kann, treffen einander wie Substanz und Akzidenz auf dem „Grundsatz der Bestimmbarkeit“. Für einen unendlichen Verstand sind alle Urteile analytisch, und Sinnlichkeit sei nur unvollständiger Verstand und für unvollkommene Götter. (Kant hingegen kannte klare Sinne und unklare Begriffe.)

Vom Zeitgeist zur geistreichen Zeitlosigkeit

Deutschland entwickelte akademische Geisteswissenschaften und eine genuin philosophische Anthropologie (*moral sciences*), weil es nie rechten Anschluß an die Entwicklung der europäischen, vor allem der französischen Moralistik gesucht und gefunden hatte, woran der Kompensationsphilosoph Odo Marquard erinnert hat. (Auch *Robert Zimmer*: „Die europäischen Moralisten“, Hamburg 1999, S. 119 f.)

Siegte Hegels systematischer Weltgeist über Schlegels geistreiche Fragmente oder die katholische Werkgerechtigkeit über evangelische Gnadenmoral? Anders gewendet : Siegte die konstruktivistische *Philosophie des Geistes* über Chestertons *witness* oder der Geist Gottes über die protestantische Arbeitsmoral? (Eine „Phänomenologie des Geistreichen“ bleibt jedenfalls noch lange ein geisteswissenschaftliches Desiderat.) *Kant* hatte mit dem Kategorischen Imperativ der praktischen Vernunft das objektive Gesetz Gottes in die menschliche Wahlfreiheit überführt, *Fichte* aber die Willensfreiheit als subjektive Willkür von allen natürlichen Fakten emanzipiert und von aller objektiven „Stellung des Menschen im Kosmos“ abstrahiert, bis sie zerbrach in *Schlegels* unzählige ironische Fragmente, die *Hegel* dann durch sein dialektisches System in das objektive Gesetz Gottes fest zurückzubinden suchte, ohne die subjektive Freiheit und Selbstgewißheit des Individuums rückgängig zu machen. Lag der Sündenfall schon im Schritt vom transzendentalen Kant zum idealistischen Fichte oder erst im Fortschritt von einem subjektivistischen Fichte zum ironistischen Schlegel, der seine individualistischen Bruchstücke doch katholizistisch universalisieren wollte? Fichtes „Thathandlung“ war nach Kant praktische Vernunft menschlicher Autonomie statt eine Theonomie, aber Fr. Schlegels philosophisch-poetische Fragmente waren nur noch hypothetische Imperative und ungeneralisierbare Maximen einer ästhetischen Einbildungskraft und teleologischen Urteilskraft. Schlegels aphoristische „Igel“ verstanden sich als endliche Bruchstücke unendlicher Totalität und wollten damit den Anschluss an Fichtes transzendent(al)e Mystik und an Kants „Religion innerhalb der Grenzen der bloßen Vernunft“ nicht verlieren, obwohl die Frühromantiker die kategorische Allgemeingültigkeit ihrer fragmentierten „Ideen“ als Einheit von Gegensätzen im urchristlichen *Katholon* suchten. Die ironistische Selbstaufhebung jedes endlichen Bruchstücks in die unendliche Bewegung des absoluten Geistes blieb für Hegel zu selbstmörderisch beschränkt. Die alles „übergreifende Subjektivität“ seiner nationalen Volksgeister war zwar universeller als die Willkür des geistreichen Subjekts, aber kollektivistisch viel beschränkter als Kants universales „Volk Gottes“, das Moralität gegen bloße Legalität absicherte. Hegels Urgegner wurde Schlegel. Zitate aus Fr. Schlegels Werken: „Fragmente als biblische Philosophie müssen im Centrum der Enzyklopädie thronen.“ „Fragmente (Sprüche) sind die eigentliche Form des biblischen Vortrags.“ „Ironie steht in der nächsten Beziehung zu Gott.“ „Die Religion ist das revolutionäre Princip im Menschen.“ „In Hegel ist der Grundirrtum, das er den Satan mit dem lieben Gott verwechselt.“ „Der Geist des Christentums in politischer Hinsicht ist eine allgemeine Opposition gegen den Staat überhaupt.“ „Das Christentum hat eine ewige Tendenz. Philosophie zu werden.“ „Affinität des Christentums und des Witzes durch Absolute Philosophie.“ „Nichts ist witziger als ... die Bibel.“ „Alle Vereinigung des Heterogenen führt auf Unendliches.“

Erst der späte Frühromantiker *Nietzsche* trieb den relativistischen Subjektivismus sophistischer Satzungen bis zum A(nti)theismus, und das haltgebende Gegengewicht wanderte von Gottvater zu Mutter Natur. „Als meine Mutter lebe ich noch und werde alt.“ Objektive Wahrheit wird nur noch gesucht in naturwissenschaftlich methodischer Intersubjektivität der *scientific community*, deren Logik Wittgensteins protestantische Mystik liefert. Es geht nun um die Frage, wie menschliche Wahlfreiheit das göttliche Grundgesetz „verabschiedet“, ob bekämpft oder nur „subjektiviert“. Der Schritt vom Fragment des Katholiken Schlegel zur Sentenz des Pastorensohns Nietzsche ist der Weg vom magischen Idealismus zum sophistischen Perspektivismus, der das Gesetz Gottes nicht mehr in unsere Hände legt, sondern es brechen will in autonomster Selbstermächtigung. Nietzsche hat weder das biblische Gesetz noch den kategorischen Imperativ guten Willens erfüllt, sondern durch den bloßen Machtwillen ersetzt und dem elitären Sklavenstaat das gute Gewissen verschafft. Man will nicht mehr selber, was Gott will, sondern selber Gott sein – ein Über-Mensch ohne Über-Ich. *Wittgenstein* machte diesen Schritt mit Tolstoi wieder halb rückgängig, indem er seine mystisch-poetische Subjektivität hinter der Objektivität von Logik und Physik in solipsistischen „Privatsprachen“ versteckte. Wenn der Schöpfer samt Schöpfung die Idee des Objektiven (des Dinges an sich) schlechthin ist, wird der Subjektivismus tendenziell A(nti)theismus, wo er das objektive Gesetz nicht zur Sache von jedermanns freier Intersubjektivität macht, sondern durch (mehr oder weniger pragmatische) menschliche Satzungen ersetzt.

Lächerliches, Ungewisses, Sinnloses?

Wie, wenn alles im Leben letzthin relativ lächerlich, anfechtbar und sinnlos wäre – außer der exquisitesten intellektuellen Hochleistung, etwa auf dem Gebiet der mathematischen Logik, die der Aphoristiker Lichtenberg für die einzige strenge Wissenschaft hielt? Ganze Felder der Kultur und Gesellschaft verfallen der Missachtung – die Welt der Fabriken und Büros, soweit sie nicht von Automaten betrieben werden, die Welt von Handel, Händel und Gewerbe z.B. Es gibt ganze Subsysteme der Gesellschaft, die sich auf das gesellschaftlich Notwendige minimieren lassen würden, weil sie nur notwendige Übel sein sollten, die keine lebenslange Aufmerksamkeit verdienen wie Polizei und Justiz, Handel und Wandel, Fabriken und Büros, Transport und Verkehr etwa, welche sich viel rationeller und überlegt überlegener organisieren lassen. All das wäre in wenigen Jahren wenigstens in den Hochindustrie-Nationen zu automatisieren und zu minimieren, um die Menschen freizustellen für „Eigentlicheres“ wie angestrengtesten intellektuellen Spitzensport ohne praktische Absichten und materielle Anreize.

Der Rest ist nichts als ein Alptraum.

Die Kunst- und Literaturgeschichte handelt im Kern nur von Liebesgeschichten und Raubmorden. Die Weltgeschichte ist keine Fortschrittsbewegung, sondern eine einzige Folge von ewigen Keilereien ohne allen Sinn und Verstand und wird niemals ein Ende nehmen, doch jeder nicht gerade direkt Betroffene kann jederzeit aus dem Fließbandirrsinn aussteigen in reinere Beschäftigung mit Logik und Essayistik z.B., ausscheren in idyllischere Kulturlandschaften, wo schlimmstenfalls der *rabies eruditorum* regiert in der Gelehrtenrepublik. Ist die Notdurft des Lebens halbwegs befriedigt. droht nur Flachköpfen die ewige Langeweile von Bücherparadiesen. Nach dem „Ende der Geschichte“ in liberalen Demokratien, wenn aller wesentliche Bedarf allgemein gedeckt ist, darf der *locus amoenus* des zweckfreien Geistes um seiner selbst willen locken und muss kein *locus terribilis* der allfälligsten Depressionen drohen.

Ein Alexandre *Kojève* sah für diese technokratische Utopie nicht die Dystopie globaler Arbeitslosigkeit voraus, sondern die Vision einer Welt ohne gesellschaftlich überflüssige Arbeit. Menschliche Arbeitssklaven würden durch seelenlose Roboter weitestgehend ersetzt sein. „Jeu, exstase, mathématique“ sah Kojéve als Paradiese bestmöglicher Zukunft.

Nach dem Ende der „Vorgeschichte“ (Marx) in den liberalen Demokratien ohne Armut und unter Gottes Grundgesetz bleiben sinnvoll noch Liebe, Logik und verspielte Bonmots in bukolischen Gärten und idyllischen Wäldern, ruhmsüchtige Wettkämpfe in den besten geistigen Disziplinen, aber ein Agon ohne Agonie. – Und wenn die Fußkranken und *Arbeitsscheuen* am Rattenrennen nicht teilnehmen können oder wollen, sollten sie keiner „Verelendung“ preisgegeben werden. Hat lumpenproletarische Bohème, die kein unvorhersehbarer Mob oder Revolutionär werden soll, im modernen *Sozialstaat* keinen Platz?

Alles Gesellschaftliche, Kulturelle : alles Müll und Abfall vom Himmel, aber nicht vom Himmel herab. Wirtschaftliches, „Kommunikatives“ muss endlich „überwunden“, d. h. aufs notwendigste vernünftige Minimum reduziert werden, um vom materiellen Existenzkampf endlich einmal geschichtlich freizukommen, weil es unverständlich und lächerlich ist, wenn Menschen noch immer gegen Hungertod und Mord ankämpfen, statt als Glücksritter ihre geistigen Olympiaden zu veranstalten. Die Vorgeschichte ist selbst auf Hochebenen von Hightech-Zivilisationen alles andere als überwunden, weil sie noch keine Beschäftigung mit ewigen Ideen und Gesetzen ist.

Drecksarbeiter aller Länder, zerstreut euch!

Nach nichts wird nun mehr gerufen als nach Bildung, für nichts soll mehr Geld ausgegeben werden. Mit nicht eingebildeter Bildung ist nicht Humboldts Ideal zweckfreier Persönlichkeitsbildung gemeint, sondern Ausbildung und Abrichtung jedes Einzelnen für den freien Arbeitsmarkt, für Wettbewerbsfähigkeit im Konkurrenzkampf um höhere Profite. Hochindustriegesellschaft im Zeichen digitalisierter Globalisierung verlangt neue Arten von Fachkräften mit Expertenwissen in exotischeren Produktionssegmenten. Wer nicht mitkommt im Rattenrennen, fällt hinten runter, ins soziale Auffangnetz, um Aufruhr zu unterbinden. Wo landen am Ende die sozialen Fußkranken, außer bei den rechten Parteien, wenn man eher die richtige nationale Rasse als die richtige rationale Klasse hat?

Schätzungen gehen von einem Viertel bis Drittel der Bevölkerung aus, das nicht fit zu machen sei für eine „Industrie 4.0“ der vernetzten Dinge (oder „Industrie 7.0“ der automatisierten Mitbürger). Die chronisch Kranken, Verwahrloste und *geistig Minderbemittelte* müssen ja mitgeschleppt werden. Die Anforderungen fortgeschrittenster Hightech-Gesellschaften an den einzelnen Arbeitnehmer und Dienstleister werden so hochgeschraubt, dass ein stetig wachsender Bevölkerungsanteil nicht mehr fähig ist zu folgen und damit

Lebenssinn und Lebensunterhalt zu bestreiten. Konzentrationsfähigkeit, Flexibilität, Ausdauer, Sozialkompetenz und Intelligenzquotient von immer mehr Bürgern reichen nicht mehr aus für Anforderungsprofile vieler Erwerbsberufe. Diesem stetig wachsenden globalen Anteil bleiben nur einfache wie billige, un- und angelernte Drecks- und Knochenarbeiten oder Almosen, um ihr Leben im Rahmen dieser Strukturen zu fristen. Sach- und Facharbeiter sind gut *integriert,* und *Lumpenproletarier* machen nur noch den weltweiten Dreck weg, wenn sie nicht auf Mülldeponien nach Verwertbarem stochern. Diese globalisierten Müllwerker räumen der Industriegesellschaft ihren Dreck aus dem Weg. Die Umwelt ist alles, was der Abfall ist, also die Unterwelt, und wer den Abfall beseitigt, sollte abfallen von denen, die ihn machen. Sein Aufstand und sein Aufruhr ist das Wesen der zeitgemäßen Utopie in konsumhedonistischen Überflussdemokratien. Er verfault nicht weich, er arbeitet hart. Vom Mehrwert bleibt bei Abgehängten nichts hängen als konterrevolutionäre Abfälle. Sie sind anerkannt als der Dreck, der den Dreck wegschafft, den die Schaffenden machen. Ihr wirksamster Aufruhr aber rennt nicht in MG-Salven, sondern ist Sitzstreik auf dem Hosenboden, um für sich selber Bücher zu lesen, statt für Bürger Müll aufzulesen. Wenn Gott nicht mit diesen Parias ist, ist niemand mit ihnen, und Er hat gesagt, Er sei mit den geistig Zerschlagenen, die aus der Welt nicht klug werden. Sie könnten ja auch die Metropolen verlassen und die Bürger einfach ersticken lassen unter ihren nicht abgeräumten

Müllbergen und so wieder Nomaden werden wie vor 10.000 Jahren, lange vor Ackerbau und Viehzucht auf eingezäuntem Grundbesitz. Die Erkenntnis, wie aus Gottes Schöpfung eine eigene, vermeintlich bessere Schöpfung zu machen sei, vertrieb uns aus dem Wildwuchsgarten Eden und verurteilte uns zu gottverfluchtem Ackern. Die Bibel hat dieses weltgeschichtliche Urereignis gleich zu Beginn festgehalten als ein Hohn auf Gottes Ur-Tipp für alle Menschen. Wie sähe eine noch nicht blamierte Utopie nun aus?

Die für die *verwaltete Welt (Horkheimer)* Unqualifizierbaren werden wieder unsesshafte Nomaden, seit Urzeiten die Bürgerschrecks schlechthin, oder gehen am Dreck zu Grunde, den sie wegmachen sollen. Sie desertieren aus Stadt- und Landwirtschaften, sie sind die „goldene Horde“ der Romantik und bilden doch keine Herden, denen sie von Weideplatz zu Weideplatz folgen, sondern versickern überall zu verfeinert vagabundierenden Individuen mit unendlichem geistigen Nachholbedürfnis, mit Büchern in den Händen statt nur Dreck an den Händen – nie wieder Bürger in ihren Burgen.

Das Behagen in der Unkultiviertheit

Das 20. Jahrhundert, vorbereitet vom 19. Jahrhundert, war die Epoche der Triebbefriedigungen. Die Triebsublimierungen wurden zunehmend als bloß repressive Abwehrmechanismen und rationalisierte Verdrängungen weggebrandmarkt. Das vermeintlich überrigide „Über-Ich“ wurde für die Hälfte allen Elends in der Welt verantwortlich gemacht. Seine vormalige Autorität wurde gestürzt, um die unterirdischen Kräfte des Unbewussten zu befreien. Wo das Über-Ich war, sollte plötzlich Es werden.

Schlichte Entsublimierung wurde als eine lustvolle Emanzipation von unlegitimierbaren Autoritäten gefeiert. So etwas wie Kultur galt nur noch als „verhindertes Schwein“ und wurde durch die daseinserleichternden „Zivilisationserrungenschaften“ ersetzt. Alles sei letztlich *nichts als* Geld und Sex, aber Geld und Sex sind ebenso letztlich *nichts als* banale Banausie, Reiz-Reaktionsplattheit und öde Funktionsmechanik im Leerlauf.

Alles wäre gut und schön, wenn diese schöne neue Welt schamloser Lustschreie und lustiger Entfesselungskünste wirklich hielte, was sie da versprochen hatte. Aber die Welt verfeinerter Feudalkultur wurde eben nicht demokratisiert, sondern nur *dekonstruiert* als bloße Rationalisierung von puritanischer Versklavung und institutionalisierter Einschüchterung.

Dieses Paradies enthemmter Lüste und Körperkulte entpuppte sich allzu schnell als eine Hölle ewiger Langeweile von Kicks zu Kicks, von thrill zu overthrill. Das immer gleiche Immer-mehr von Immerneuem führte zum Überdruss am Überfluss. Charlie Citrine in *Saul Bellows* Roman „Humboldt´s Gift" wollte einen spannenden Essay schreiben über das unentrinnbare *Taedium vitae* der saturiert modernen und sozialbefriedeten Massendemokratien.

Glücklicher als die orientierungslos freien Konsumhedonisten des westliberalen Lebens werden jedoch immer noch die ältlichen Studierstubengelehrten, Hochkulturkünstler, anspruchsvollen Intellektuellen und grauen Labormäuse einer *scientific community*. Schopenhauer hat Recht behalten : Wer den Existenzkampf bestanden hat, landet bei innerer Leere, und die einzige Alternative zur Alternative von Not und Langeweile wäre die den meisten verschlossene „Welt des Geistes", der Erkenntnis und der freien Künste für Stendhals *happy few*. Vor dem Turm zu Babel schützt nur der Elfenbeinturm der *vita contemplativa*, nicht die eitle Unrast der engagiertesten *vita activa*.

Urheberrechtsschutz für jeden Dreck?

Goethes Werke durfte zu dessen Lebzeiten noch jeder Hans und Franz kostenlos und ungestraft nachdrucken und so gewinnträchtig verschleudern. Goethe presste seinem Verleger schon für seine Zeit exorbitante Honorare ab, aber Cotta konnte seinen berühmtesten Autor noch nicht vor billigen Raubdruckern schützen. Das Urheberrecht wollte erst erkämpft werden, und Goethe trug mehr dazu bei, als mancher ahnt.

Ich selbst bin ein armer Autor, aber nicht, weil ich beklaut werde, sondern weil einfach niemand mich um mein geistiges Eigentum bringen will. Manche sollten sich doch glücklich schätzen, wenn ich ihr Urheberrecht verletzen und ihrem Dünnpfiff meinen werten Namen leihen würde, sagt sich mancher Künstler und "Kreative".

Mindestens 97 % all dessen, was zu jeder Zeit geistig, künstlerisch und kulturell produziert, verlegt, *gelabelt*, *geleast*, verhökert oder was-weiß-ich wird, ist doch seinen Urheberrechtsschutz gar nicht wert und würde durch kommerzielle Enteignung eher noch geadelt. Wer und was ein Urheberrecht verdienen würde an Goldkörnchen, ist so extrem dünn gesät, dass es unter den vielen Schrottbergen meist überhaupt nicht auffällt und von den tonangebenden Stümper-Kitschiers unseres Kulturbetriebs gar nicht erkannt wird, geschweige denn anerkannt. Anders gesagt, mit Antoine de Rivarol : Unscheinbarkeit, *obscurité*, schützt besser als jedes Recht – auch und gerade in der sogenannten Kultur. Und am unsichtbarsten war immer das qualitativ Vollkommenste.

Ich plädiere ja auch eher für das genaue Gegenteil. Strikter Urheberrechtsschutz : Ja, natürlich, aber nur für die umwelt- und innenweltverschmutzenden Elaborate der Popkulturindustrie und ihren volksverdummenden Unwertstofffabriken, für all diese alltäglich aus allen Lautsprechern, Plattformen, Portalen, MP3-Playern, Streaming-Diensten und Lifestyle-Gazetten quellende und dampfende und auch lebenszeitverschwendende Geisteskacke der *kulturschaffenden* Mistschleudern in Ton, Farbe, Bild und Schrift.

Sport, Massenmedien, Bullshit-Serials,
Trivialliteratur, Comics, Popmusik ...

"Spirituell" parfümierte und liberalistisch abgesegnete Kotmassen, die als progressiv daherkommen, haben und begraben Tag vor Tag alle(s) unter sich, ganz (l)egal.

Wer sich "Popkultur" und verwandte Trashware "runterladen" will von den Müllcontainern, sollte zur gerechten Strafe für diese geistige Bankrotterklärung kräftig zur Kasse gebeten und gehörig zur finanziellen Ader gelassen werden. Wer ***für*** den grenzdebilen U-Kulturdreck leben will, der sollte auch ***von*** ihm gut leben können; er hat es verdient, sich daran dumm und dämlich zu verdienen, und wir enthirnten Fans haben es verdient, ihn daran krass verdienen und uns von ihm ausnehmen zu lassen.

Andererseits ist es ebenso anständig, ***für*** Werke der Kunst und des Geistes zu leben, wie es unanständig ist, ***von*** ihnen leben zu wollen. Max Horkheimer z.B. warf dem Schriftsteller Thomas Mann (laut Alfred Döblin „die Bügelfalte als Stilprinzip") ganz zu Recht vor, finanziell eher von seinen Büchern zu leben als von der reichen Familie seiner Ehefrau. (Mann soll bei aller Kritikempfindlichkeit seine eigenen Bücher in hellsichtigen Momenten übrigens selbst nur für ein „gepflegtes Mittelmaß" gehalten haben.)

Kurzum : Die Werke der authentischen Hochkultur sollten ohne Wenn und Aber gemeinfrei sein vom Tage der Veröffentlichung an. "Open Access" für Hegels "Logik", Einsteins Entdeckungen, Bacons Bilder, Alban Bergs Musik und George Saikos Romane, und das nicht erst 70 Jahre nach dem Tode des Urhebers. (Nimmt sowieso kein Schwein, ob es nun sündhaft teuer oder gratis zu haben ist.) But no and never "*open access*" for Pop & Co., please!

Ich frage : Hat denn der, welcher sich meine Gedanken zu eigen macht, mich um mein geistiges Eigentum gebracht? Oder hat mein Urheberrecht erst derjenige verletzt, welcher meinen geistigen Abfalleimer unter seinem eigenen Namen auf den Markt wirft, anpreist, multi-verwertet, „upgraded", verramscht und mit seinen fremden Federn schmückt?

Und das Reaktionärste ist, dass solche Philippika wie diese dann als reaktionär abgetan zu werden pflegt. – Wetten, dass ... ?

Philosophische Rhetorik

Heraklit, der Dunkle, machte geschliffene Widersinnsprüche. Die Sophisten verkauften rhetorische Kunstgriffe, die Streitgespräche zu gewinnen. Sie entwickelten und entlarvten Paradoxe, Aporien, Antinomien, Fangfragen, Fehlschlüsse, Scherzrätsel und "stärkten die schwächere Seite". Aufklärung relativierte absolut. Plato hielt fest, wie Sokrates die Kunst der dummen Fragen erfand, um Mitmenschen zum Geständnis zu bewegen, dass sie nicht wissen, was sie reden und tun. Die philosophischen Anekdoten des Diogenes Laertius bewahrten die dummen Sprüche der Epikureer und Stoiker, Skeptiker und Kyniker auf. Sophisten lassen jeden sich vor dem Anspruch blamieren, Wunders etwas zu wissen und zu können. Aristoteles bewahrt resistent gesunden Menschenverstand, der Realist beobachtet die Natur.

Die Logik der Urteilsformen ist heute ein Spezialfall der Mathematik geworden. Die römischen Stoiker Cicero und Seneca schrieben glänzende Partien wie Plutarch. Descartes formuliert so 'klar und deutlich', wie er denkt; das „Ego cogito" brillierte. Spinozas „Ethik" ist voller paralogischer Formeln, Thesen als Sentenzenfeuerwerk. David Humes „Prinzipien der Moral" sind glänzende englische Kunstprosa im Gefolge von Francis Bacons taciteisch funkelnden 'Essays', den Vorläufern der 'Essais' von Montaigne. Das "Lob der Torheit" des Humanisten Erasmus ist Glanzsophistik. Nur seine Jugendschriften bis zu den drei „Kritiken" haben die von Kant schweren Herzens geopferte stilistische Rokokoeleganz Wielands ("Aristipp"). Fichtes rhetorisches Talent ist noch zu genießen in den "Reden an die deutsche Nation" und in der "Bestimmung des Menschen".

Schellings Naturphilosophie ist Kunstphilosophie, nicht nur in den Aphorismen eine ‚ästhetische Theorie'. Hegel hatte mehr Esprit, als ihm lieb war, erkannte Nietzsche : Er war der geistreichste der deutschen Philosophen – wider Willen. Der frühe Marx bis zur „Deutschen Ideologie“ bevorzugte konzise Diktion und schlagende Rhetorik, doch die späteren ökonomischen Werke sind nicht mehr geistreich wie Hegel. Schopenhauer und Nietzsche sind die stilistischen Goethes der deutschen Philosophie, fern des universitären Gelehrtenjargons. Kierkegaard war ein guter philosophischer Schriftsteller und erst recht gar kein fachgelehrter Theologe. Martin Heideggers philosophische „*Etymologik*“ ist in ihren besseren Partien von magischer Suggestion und ergibt neuen Sinn durch fast mechanische Wortverdrehungen und Wortspiele. Blochs alttestamentarischer Expressionismus hat eher deutschbarocke Gewitterwucht als aphoristische Eleganz. Der Stil von Jaspers wirkt nüchtern solide, beeindruckt durch unauffälligere Mittel wie Parataxe und Weglassen von Artikeln, sogar durch aphoristische Wucht. Aber auch das wird bisweilen Manier wie bei Bloch und ermüdet.

Sartre schreibt filigran elegant, wo er wie Descartes denkt, aber er denkt plump, wenn er wie Heidegger schreibt. Das kunstvolle Ausspinnen der Mammutsätze bringt dialektische Kabinettstücke zustande.

Theodor Adorno in seinen besten Partien bringt auf dem engsten Raum eines Schachtelsatzes kunstvoll verkürzte Montagen eleganter Aphorismen, Dialektik als „Konstellation“ nachromantischer Fragmente, die alles umkreisen.

Blütenträume und Lebensplanwirtschaft
Die Jung-Greise

Eine übermächtige gesellschaftliche Tendenz mit starker Sogwirkung ist zu beklagen. Früher begann das Leben so, dass man als noch junger Mensch davon träumte, ein Weltgenie, Astronaut, eine zweite Maria Callas oder ein zweiter Che Guevara zu werden, und man endete als mittlerer Beamter.

Das war die kleinbürgerliche Durchschnittsbiographie. Auch heute bekommt man am Ende seinen Posten, aber mit dem kleinen Unterschied, niemals im Ernst von etwas anderem geträumt zu haben, sondern von Anfang an zielstrebig nichts anderes geplant zu haben als eine solch sichere Sinekure.

In früherer Zeit träumte man unnachgiebig bunte Seifenblasen, und es kam dann alles ganz anders, als sie irgendwann platzten. Heute verbietet es sich die Jugend selbst, lange ins Blaue zu träumen, sondern träumt ex ovo von realistischer Lebensplanung, um nicht den Anschluss zu verlieren im kollektiven Rattenrennen um die Fleischtöpfe. Geradlinige Berufskarriere, Familiengründung, Haus im Grünen, Freundeskreise und Reisen, Kultur und Infotainment, alles in optimierter Reihenfolge, ohne noch viel links oder rechts abzuschweifen. Wo jeder frei zu allem ist, darf keiner etwas versäumen, um den ganzen aufgekratzten Stumpfsinn durchzuplanen. Was an Wünschenswertem gar keinen Platz im Erwerbsberuf findet, verkommt zum Hobby und Freizeitvergnügen. Nicht einmal mehr die privilegierte "akademische Freiheit" wird von erzjugendlichem Übermut unbekümmert erkundet. Man unterwirft sich den von Experten straff organisierten Studiengängen, die direkt in das grauenvoll phantasielose Lebensziel führen. So sind keine geistigen Abenteuer mehr möglich, sondern nur dressierte Arbeitskräfte, die ihre Gratifikationen genießen dürfen.

Anspruchsvollere Flausen treibt jeder sich selber aus. Die bevorzugten Lebenspläne werden heute gesellschaftlich vorfabriziert. Man wählt zwischen fix und fertigen Lebensmodellen, die gut prämiiert und ohne Reibungsverluste vorgesehen sind im sozialen Angebot. Die riskanteren Lebensträume sind schlecht dotiert und beleumundet und werden deshalb gar nicht mehr erst erträumt. Dichter, Komponist oder Maler z.B. ist man bestenfalls dilettantisch verschämt nach Feierabend. Brotlose Künste, die man blutig ernst nimmt, gelten inzwischen als schön dumm. "Rebellion" wird Popkulturindustrie, lässiges Sichsträuben, das dem kollektiven Druck aber immer rechtzeitig nachgibt. Vermodern moderne Kids? In entmutigender Mehrheit wollen sie von Anfang an freiwillig genau das werden, was in Hochindustrienationen erwartet, approbiert und auch honoriert wird.

Es war einmal, lang ist's her, da wollte man Welteroberer oder wenigstens Weltverbesserer werden und endete als armseliger Philister, der froh war, irgendwann und irgendwo unterzukriechen und in Nischen ein Machtzipfelchen zu erhaschen. Auch heute landet man beim halbwegs gutsituierten Philister mit richtigem ökopax-feministischem Generationsbewusstsein, doch ohne dass man in holder Maienblüte je so naiv und dumm war, die Welt verbessern gewollt zu haben oder seinen fragilen intellektuellen Idiosynkrasien nun mutig zu folgen.

Ein durchschnittlicher Jugendlicher träumt nun von vornherein davon, nur realistische Träume zu hegen. Heute startet man das Leben mit dem Ideal, kein blauäugiger Idealist, sondern möglichst zügig mit allen Wassern gewaschener Realist zu sein, der die Abzugslöcher gesellschaftlicher Machtverteilungen schon sehr genau kennt. Die Heiligen von heute kennen die Fahrpläne. "Lebenspläne" sind nun von vorn herein rationell ermäßigte Blütenträume. Man wird nicht mehr grausam desillusioniert, man war nie anders als hoffnungslos illusionslos, Männlein wie Weiblein. Frühvergreiste werden niemals jung.

Weltauge, sei wachsam!

Schopenhauer zog sich nicht nur als „reines Weltauge“ zurück von der Welt, sondern auch von jenen Trieben, die den Weltbetrieb mitmachen wollen. Also entfremdete er sich dem Welttreiben nicht weniger als seiner eigenen Triebwelt, die dort mitmischen möchte.

Aber das reine Weltauge, das alles sieht, ohne sich selbst zu sehen bei der Sicht auf die Welt, ist für ihn ebenso weltlos wie gleichzeitig im Gehirn lokalisiert, dem höchsten Entwicklungsorgan des wilden Weltwillens selber. – Die menschliche Subjektivität verwirkliche sich in reiner Objektivität ihrer Erkenntnisse, und die in Kausalität, Raum und Zeit vorstellbaren Objekte bedeuten umgekehrt eine bloß objektivierte Subjektivität des Lebenswillens in allem. Der Neophänomenologe Hermann Schmitz wirft in seiner „Selbstdarstellung als Philosophie. Metamorphosen der entfremdeten Subjektivität“ (Bonn 1995) diesem *Unheilspropheten* ganz zu Unrecht vor, „thematisch zentrierte Gefühle“ mit aktiven Strebungen zu verwechseln.

Aber Schopenhauer wollte gar nicht dem Intellekt die Affekte kontrastieren, sondern das denkbare Wissen dem fühlbaren Willen. Er redete nicht primär von Betroffenheiten, sondern von Trieben, also wie Freud von vereitelten Triebbefriedigungen und nicht von (dennoch möglichen) Zufriedenheitsgefühlen. Schmitz hingegen sieht in Trieben, die ihn philosophisch nur wenig beschäftigen, bloß spezifische Programme von emotionalen Heimsuchungen, statt umgekehrt wie Freud und Schopenhauer in Gefühlen die persönliche Art, in der Trieb(konflikt)e und deren Realitätsenttäuschungen erlebt werden.

Schopenhauer stattete seine vorgestellten Objekte mit unbewusster Willenssubjektivität aus und die menschlichen Subjekte umgekehrt mit dem rettenden Streben nach reiner Objektivität. Der subjektive Wille wird auf die äußere Natur projiziert und umgekehrt die objektive Naturwissenschaft zum innersten Subjektivitätskern erhoben. Objekte *wollen* immer subjektiver, Subjekte *wissen* immer objektiver – weder ganz vorgegeben noch ganz selbst erfunden.

Philosophische Grundbibliothek

Chuang-tsi: „Das wahre Buch vom südlichen Blütenland“

L. Annaeus Seneca : „Briefe an Lucilius“

Michel de Montaigne : „Essais“

Imm. Kant : „Grundlegung zur Metaphysik der Sitten“

S. Maimon : „Versuch einer neuen Logik … “ (1794)

G. Fr. Hegel : „Phänomenologie des Geistes“ / „Ästhetik“

Arthur Schopenhauer : „Aphorismen zur Lebensweisheit“

Friedrich Nietzsche : „Menschliches, Allzumenschliches“

Nicolai Hartmann : „Das Problem des geistigen Seins“

Hedwig Conrad-Martius : „Der Selbstaufbau der Natur“

Th. Adorno : „Minima moralia“ / „Ästhetische Theorie“

Jean-Paul Sartre : „Der Idiot der Familie“

Hermann Schmitz : „Der unerschöpfliche Gegenstand“ /
„Der Weg der europäischen Philosophie“

I.M. Bochenski / A. Menne: „Grundriss der Logistik“

Hans Blumenberg : „Wirklichkeiten, in denen wir leben“,
„Die Vollzähligkeit der Sterne“